Schnelles Grünzeug

OLAF SCHNELLE
GEORG BAGDENAND

Schnelles Grünzeug

FERMENTIERTES GEMÜSE IN DER ALLTAGSKÜCHE

85 EINFACHE REZEPTE

DUMONT

INHALT

REZEPTE

Vom Gärtnern, Gären und Garen

Nur wenig beeinflusst mein Leben so grundlegend wie der Anbau und das Wachsenlassen von Gemüse und die anschließende Verarbeitung desselben in der heimischen Küche. Mich erfüllt beides mit großem Glück und einem Quäntchen an gefühlter Sicherheit.

Der ganze Prozess vom Gärtnern bis zum Gären hat etwas geradezu Magisches. Zu Beginn gibt es nur ein winziges Samenkorn, aus dem – in fruchtbaren Boden gesetzt – eine schöne Pflanze wird. Dann kommt die Ernte und im Anschluss sorgen wundersame Vorgänge im Kochtopf, in der Salatschüssel oder im Gärpott dafür, dass aus den Rohstoffen des Gartens leckere Lebensmittel entstehen. Die Fermentation ist ein solcher wundersamer Vorgang. Sie lässt sich gezielt lenken und macht aus rohen Gemüse ein lagerfähiges Lebensmittel. Paradoxerweise sorgen bei der Fermentation ausgerechnet Bakterien dafür, das Gemüse haltbar zu machen.

Wer den Umgang mit Gemüse – frischem oder fermentiertem – in der Küche beherrscht, kann wahre Kunstwerke kreieren. Kunstwerke, die das gelungene Zusammenspiel von Mensch und Natur nicht eleganter ausdrücken könnten. Wir, von der Gärtnerei *Schnelles Grünzeug,* haben das Glück, seit 25 Jahren eng mit solchen Künstlern und Künstlerinnen zusammenarbeiten zu können. Denn so lange beliefern wir schon die deutsche Top-Gastronomie mit allem, was grün ist (oder war) und gut schmeckt. Durch den gegenseitigen Austausch haben wir in all den Jahren viel über gutes Essen und die sinnvolle Verarbeitung von Lebensmitteln gelernt. Um dieses Wissen praktisch anzuwenden, eröffneten wir vor 10 Jahren eine Manufaktur, die sich auf das Fermentieren von Gemüse konzentriert. Und so gehören seither auch immer mehr Privathaushalte zu unserer Kundschaft.

SÜSSES ODER SAURES?

In diesem Buch geht es weniger um den Prozess des Fermentierens und wie dieser optimiert werden kann. Zu diesem Thema gibt es inzwischen gute Lektüre, die alle Fragen beantwortet. Vielmehr stellen wir das Integrieren von fermentierten Lebensmitteln in unsere Alltagsküche in den Fokus. Denn eines ist allen Gemüsefermenten gemein: Sie schmecken sauer! Und weil Saures viele Menschen abschreckt, steht manch eines dieser super gesunden Fermente ungeliebt in der hintersten Ecke des Kühlschranks und versauert.

Deshalb stellen wir in diesem Buch Rezepte vor, in denen die beim Fermentieren entstandene Säure gut aufgefangen wird und das Gericht sinnvoll ergänzt. Sogar für manche süße Gerichte sind fermentierte Zutaten durch ihr komplexes Aroma ein ganz besonderer Gewinn.

VEGAN ODER NICHT VEGAN?

Die folgenden Rezepte sind überwiegend vegan oder vegetarisch und haben oft zumindest eine rohe Komponente. Denn wir finden, das ist eine ebenso sinnvolle wie zeitgemäße Art, sich zu ernähren. Es wird aber auch gekocht, gegrillt oder gebraten – teilweise mit Fleisch. Wir haben kein veganes Kochbuch geschrieben, in der Hoffnung, damit Brücken zu bauen. Karnivoren an den Konsum von Gemüse her-

»Das Fermentieren hilft uns nicht nur, unsere Überschüsse und die der Nachbargärtnereien zu veredeln und haltbar zu machen. Wir setzen die Fermente auch ein, um unsere Böden immer fruchtbarer werden zu lassen, und können dadurch auf tierischen Dünger verzichten.«

anzuführen, ist oft schwer genug. Sie zum Genuss von fermentiertem Gemüse zu bewegen, ist noch schwieriger. Wenn unsere Rezepte aber das Zeug haben, im Alltag dafür zu sorgen, mehr (fermentiertes) Gemüse zu verwenden, ist viel Gutes erreicht.

Wir selbst leben nicht vegan. Der Anteil veganer Lebensmittel in unserer Ernährung ist aber sehr hoch. Nicht nur, weil die westliche Welt aus vielen Gründen ihren Fleischkonsum drastisch reduzieren sollte. Für uns ist die vegane Ernährung auch die facettenreichste.

Generell ist es für uns wichtig, bei der Verwendung von Fisch, Meeresfrüchten oder Fleisch unbedingt auf Herkunft, Haltungsformen und die Art der Schlachtung zu achten. Die sparsame Verwendung tierischer Produkte ermöglicht den Kauf hoher Qualität. Und wer ganz auf Fleisch verzichten möchte, findet heute für viele tierische Produkte ein veganes Pendant.

Die Gärtnerei *Schnelles Grünzeug* arbeitet übrigens rein vegan. Wir verwenden weder Mist noch andere tierische Düngemittel. Bei unserer Arbeitsweise steht der Aufbau eines lebendigen Bodens im Zentrum der Aufmerksamkeit. Beim Düngen bedienen wir uns selbst hergestellter Pflanzenfermente, die in Wechselwirkung mit speziell angebauten Gründüngungspflanzen eine betriebseigene Nährstoffdynamik entwickeln. Auf diese Art entsteht in unserer Gärtnerei eine Betriebsfläche mit sehr hoher Artenvielfalt, in der es kaum Schädlingsbefall gibt und auf der Bodenerosion kein Thema ist. Im Gegenteil: Bei uns wird Boden gut gemacht!

Fermentation: Die Kunst des Vergammelns

Mit dem Leben kam das Ableben. Im Kreislauf der Natur muss alles, was entsteht, auch wieder vergehen oder eine andere Form annehmen. Diese Umwandlung wird von Mikroorganismen erledigt, die sämtliche organische Substanz abbauen. Bestenfalls bleibt »nur noch« Erde übrig, die dann die Grundlage für die Entstehung neuen Lebens bildet.

Irgendwann haben die Menschen gelernt, sich diesen Prozess zunutze zu machen. Die Abbauprozesse wurden nicht nur gestoppt, sondern so eingesetzt, dass sich mit ihnen wertvolle Lebensmittel herstellen und konservieren ließen. Es entstanden alkoholische Getränke, Käse, Dickmilch, Quark, Schinken und andere wunderbare Dinge wie Miso, Sojasaucen, Kimchi und natürlich Sauerkraut – das gesunde Lebensmittel schlechthin.

Bei jedem dieser Produkte spielen andere, sehr spezielle Mikroorganismen eine Rolle. Jeder Mikrobenstamm bevorzugt andere Bedingungen. Diese Bedingungen entsprechend zu gestalten, darin liegt die Kunst des Fermentierens.

DIE WISSENSCHAFT DAHINTER

Bei der Gemüsefermentation spielen Milchsäurebakterien (MSB) die Hauptrolle. Entdeckt wurden diese Mikrobenstämme erstmals von Louis Pasteur – und zwar in Milchprodukten. Aber es gibt sie nicht nur in der Milch, MSB umgeben uns überall. Sie siedeln auf unserer Haut, sie leben in uns, und man findet sie auf jedem Gemüseblatt. Wir Menschen sind bestens an sie angepasst. Und natürlich leben diese Milchsäurebakterien nicht allein – sie leben in einer Gemeinschaft mit einer Unzahl anderer Mikroorganismen.

Wenn Milchsäurebakterien genutzt werden sollen, muss ein Milieu geschaffen werden, in dem sie sich ganz besonders wohlfühlen und in dem es andere Mikroben schwer haben. MSB sind in dieser Hinsicht ideale »Partner«, denn sie machen es uns sehr einfach: Sie können mit Sauerstoff leben, aber sie brauchen ihn nicht. Genauso verhält es sich mit Salz. Und sie lieben Zimmertemperatur.

»Die Kunst des Konservierens liegt darin, die Bedingungen für die Mikroorganismen optimal zu gestalten.«

Wenn wir unser Gemüse also leicht salzen und es vor Luftzutritt geschützt bei 22 °C aufstellen, haben wir dafür gesorgt, dass alle Mikroben ausgeschlossen sind, die Salz nicht mögen oder Sauerstoff brauchen. Schimmelpilze zum Beispiel haben keine Chance, da sie unbedingt Sauerstoff benötigen. Sie können nicht in einem Behälter überleben, in dem es keinen Sauerstoff gibt. Genau so ein Behälter ist ein Sauerkrauttopf. Oder ein einfaches Drahtbügelglas. Nachdem diese Behälter verschlossen werden, bildet sich durch die Fermentation Kohlendioxid und das wiederum verdrängt den restlichen Sauerstoff. Durch die Wasserrille des Gärpotts bzw. durch die Gummidichtung des Glases kann das überschüssige CO_2 entweichen, aber kein neuer Sauerstoff hineingelangen.

GEMÜSE FERMENTIEREN – SO GEHT'S

1. Das Gemüse gründlich putzen und waschen. Faulstellen und Wurzelansätze entfernen. Geschält werden muss es nicht unbedingt – vorausgesetzt, es handelt sich um Bio-Gemüse. Das Gemüse klein raspeln oder hobeln.
2. Das Fermentiergut wiegen und mit ca. 2 % Salz vermengen (also ca. 20 g Salz auf 1 kg Gemüse). In unseren Fermente-Rezepten auf S. 16 bis S. 31 haben wir jeweils die richtige Salzmenge berechnet und in der Zutatenliste aufgeführt. Das Gemüse fängt sofort an, Saft zu ziehen. Um ausreichend wertvolle Lake zu erhalten, die Schutz vor Sauerstoff bedeutet, kann man das Gemüse intensiv kneten. Ein besseres Ergebnis erhält man durch Geduld: In unserer Manufaktur stellen wir unsere Ansätze über Nacht in die Kühlung. Dort bilden sie bis zum nächsten Morgen von allein genug Lake. Sollte dies einmal nicht passieren, füllen wir mit 2%iger Salzlake auf. Diese Salzlake lässt sich leicht herstellen und gut lagern: In 500 ml warmem Wasser 10 g Salz auflösen, fertig!
3. Das Gemüse nun nach Belieben würzen (optional).
4. Anschließend in einen Behälter schichten, der sich einerseits luftdicht verschließen lässt, aus dem aber gleichzeitig das sich bildende CO_2 entweichen kann. Wichtig ist, dass die Behälter nicht randvoll gefüllt werden, der Luftraum oben im Gefäß nach dem Befüllen jedoch möglichst klein ist (< 3 cm). Dieser Luftraum wird sich sehr schnell mit beim Fermentieren entstehenden Kohlendioxid füllen. Damit wird der Sauerstoff aus dem Glas verdrängt und das Gemüse ist vor Schimmel geschützt.
5. Wer mag, beschwert das Fermentiergut mit einem Gewicht, welches das Gemüse unter der eigenen Lake hält.
6. Zum Schluss das Gefäß verschließen, etikettieren und geschützt vor direktem Sonnenlicht bei Zimmertemperatur aufstellen. Wenn es ein Drahtbügelglas ist, wird es nicht explodieren, der Überdruck entweicht durch die Gummidichtung. Bei Schraubverschlussgläsern ist das nicht so sicher zu sagen, weshalb wir Drahtbügelgläser empfehlen (siehe auch Punkt 4). Da bei der Fermentation auch Lake über die Gummidichtung austreten kann, sollte man die Gläser in eine flache Schüssel oder Auflaufform stellen.

ANGESETZT UND JETZT?

Soweit so einfach. Doch wie lange wird nun fermentiert? Wie lagert man Fermentiertes am besten? Auf diese Fragen gibt es keine konkreten Antworten. Man darf sich dabei auf das eigene Geschmacksempfinden bzw. die Intuition verlassen. Und man sollte seine persönlichen Ziele und Vorlieben definieren.

Soviel sei gesagt: Je kürzer etwas fermentiert, desto näher ist der Geschmack am Ausgangsprodukt und desto geringer ist die Säurebildung, aber eben auch die Haltbarkeit. Wir reden hier von Fermentationsperioden von 2 bis 10 Tagen.

Je länger etwas fermentiert, desto höher ist die Säurebildung und damit die Haltbarkeit. Auch die geschmackliche Komplexität nimmt zu. Dafür sollten die Fermente aber nicht zu warm stehen, 17 °C sind ideal. In diesem Rahmen gilt es also zu lernen, mit Tendenzen umzugehen. Ist ein Ferment einmal angebrochen, sollte es kühl gestellt und innerhalb der nächsten Tage verbraucht werden.

UMWELTFREUNDLICHE METHODE

Welche Vorteile bietet die Fermentation von Gemüse? Alle, die einen Garten haben, werden es kennen – irgendwann im Sommer und Herbst gibt es derart viel zu ernten, dass man mit dem Eigenverbrauch nicht mehr hinterherkommt. Es wird – teils mit viel Aufwand – eingekocht, eingefroren oder gedörrt. Oft ist der Aufwand so groß, dass dann doch nicht alles verarbeitet wird, was verarbeitet werden könnte. Die Überschüsse werden lieber direkt verschenkt oder mit schlechtem Gewissen auf dem Kompost entsorgt. Hier bietet die Milchsäurefermentation eine schnelle und einfache Methode, Überschüsse ohne großen Aufwand haltbar zu machen.

Schön ist dabei, dass die Gläser nicht aufwendig sterilisiert werden müssen. Es reicht, sauber zu arbeiten. Überhaupt ist der Energieaufwand sehr gering – benötigt werden weder Hitze noch Minustemperaturen. Das ist doch mal ein wertvoller Aspekt in Zeiten des Klimawandels: Überschüsse werden reduziert, ohne viel Energie zu verbrauchen.

GESUNDHEITLICHE ASPEKTE

Ohne fundierte Ausbildung sollten keine Heilsversprechen gemacht werden. Ich denke aber, dass einige Überlegungen zum gesundheitlichen Aspekt von Fermenten legitim sind.

Zum einen fällt auf, dass sich immer mehr Forscherinnen und Forscher interdisziplinär mit Fragen rund um unseren Magen-Darm-Trakt und unser Mikrobiom beschäftigen und sich mit den Vorteilen fermentereicher Ernährung auseinandersetzen. So haben jüngst Untersuchungen an der Stanford-University gezeigt, dass eine solche Ernährung die Vielfalt unseres Mikrobioms fördert. Dies wiederum soll zum Beispiel das Risiko minimieren, an Darmkrebs zu erkranken.

Überhaupt gilt ja die Binsenwahrheit, dass eine vielfältig zusammengesetzte Ernährung im Zweifelsfall immer die bessere ist. Viel verschiedene Gemüse zu essen, ist in diesem Zusammenhang eine alltägliche Forderung von Ernährungsexpertinnen und -experten.

Nun ist bekannt, dass während der Fermentation eine Vielzahl von Stoffen gebildet werden, die im unfermentierten Gemüse noch nicht vorkommen: Enzyme, Vitamine und viele andere. Ihre genaue Zusammensetzung ist noch lange nicht erforscht. Da es sinnvoll ist, sich vielfältig zu ernähren, wird auch unter diesem Blickwinkel fermentiertes Gemüse für unsere tägliche Ernährung immer interessanter.

Die Berliner Japan-Kennerin Dagmar Maas betont immer wieder, dass in Japan Fermentiertes zu JEDER Mahlzeit gereicht wird – auch zum Frühstück. In der traditionellen japanischen Küche wird in jeder Hinsicht und bei jeder Mahlzeit auf Ausgewogenheit geachtet. Die Zutaten, die Zubereitungsarten, die Geschmacksrichtungen, aber auch die Optik der Speisen sollen in Harmonie zueinander stehen – und das alles unter Beachtung der Jahreszeiten und der jeweiligen Region. »Ausgewogenheit« ist nicht identisch mit »Vielfalt« – und doch wird bei der Beachtung dieser japanischen Kochtradition die Ernährung immer vielfältig zusammengesetzt sein. Vielleicht liegt es an dieser Art der Ernährung, dass die Menschen in Japan so ein hohes Durchschnittsalter erreichen?

Wir werden immer wieder gefragt, ob man Sauerkraut und fermentiertes Gemüse kochen kann. Natürlich kann man das! Dann wird es nur etwas weniger wertvoll. Denn bei Temperaturen über 70–80 °C sterben die wertvollen Milchsäurebakterien ab. Früher wurde Sauerkraut hergestellt, um Weißkohl zu konservieren und vor der Erfindung des Kühlschranks lagern zu können. Dass man eine Art Superfood im Keller hatte, war damals wohl weniger ein Thema. Doch in der Tat scheint die rohe Verwendung fermentierter Lebensmittel – insbesondere für den Darm – gesundheitsfördernd zu sein. Rezepte, die diesen Anspruch erfüllen, haben wir mit »probiotisch« gekennzeichnet.

BESTER GESCHMACK

Fermentiertes Gemüse schmeckt so vielseitig, wie seine Ausgangsstoffe vielfältig sind. Gemeinsamer Faktor ist eine gewisse Säure. Sie ist umso stärker, je älter ein Ferment ist. Fermentiertes Gemüse, das ganz jung, also erst etwa 14 Tage alt ist, hat noch ganz viele Eigenschaften des unfermentierten Gemüses und noch relativ wenig Säure. Es kann aber schon mit vielen positiven Aspekten von fermentiertem Gemüse punkten und wird in diesem Stadium von den meisten Menschen als besonders wohlschmeckend empfunden. Allerdings ist es noch nicht besonders lange haltbar und muss schnell verzehrt werden.

Fermente reifen zu lassen ist nicht nur aus Gründen der Haltbarkeit sinnvoll, sondern auch, weil sich das Geschmacksprofil erst über die Zeit vollständig entwickelt. Das hat nicht nur mit der Säure zu tun: Während der Fermentation wechseln sich unterschiedliche Bakterienstämme in ihrem Tun ab. Bei ungefähr 17 °C kommen sogenannte heterofermentative Milchsäurebakterien zum Zug. Sie produzieren neben CO_2 und Milchsäure viele andere Umsetzungsprodukte, zum Beispiel Alkohol. Aber keine Sorge, einen Sauerkrautrausch haben wir bisher nicht erlebt! Der entstehende Alkohol reagiert nämlich sofort mit der Milchsäure, diesen chemischen Prozess nennt man auch Veresterung. Dabei wird die Säure etwas reduziert, der Alkohol verschwindet nahezu, und es entstehen sogenannte Fruchtester. Und die wiederum sind nichts anderes als Aromastoffe. Daraus ergibt sich auch ein Hinweis auf die optimale Lagertemperatur von fermentiertem Gemüse, nämlich ungefähr 17 °C. Aber auch abweichende Temperaturen sind möglich, Milchsäurebakterien sind nämlich tolerante Wesen.

FERMENTIERTES GEMÜSE

Die im Buch verwendeten Fermente lassen sich ohne Probleme selbst zubereiten. Die Rezepte dafür finden sich in diesem Kapitel. Das Vorgehen beim Fermentieren ist immer dasselbe (siehe S. 10), wir empfehlen hierfür Drahtbügelgläser. In den folgenden Kapiteln verraten wir unsere Lieblingskombinationen mit diesen Fermenten – aber jeder hat seine eigenen Favoriten und natürlich kann man das fermentierte Gemüse auch beliebig austauschen.

FÜR 1 GLAS (1 L)

900 g Weißkohl, fein gehobelt
1 EL Salz
1 EL geriebener Ingwer
1 TL gemahlenes Kurkuma
1 Knoblauchzehe, mit dem Messerrücken angedrückt
½ TL schwarzer Pfeffer
1 TL süße Fenchelsamen
½ TL Chiliflocken

Goldenes Sauerkraut

Die Inspiration zu diesem Kraut lieferte die sogenannte »Goldene Milch«, ein Heißgetränk aus dem Ayurveda, das der Kurkumawurzel seine Farbe verdankt. Die Gewürze sind so gewählt, dass sie nach ayurvedischer Sicht gut gegen Entzündungen helfen. Wunderbarerweise sieht es nicht nur paradiesisch aus, sondern schmeckt auch so.

Die Zubereitung des Goldenen Sauerkrauts erfolgt in den Schritten eins bis sechs, die auf S. 10 beschrieben werden.

FÜR 1 GLAS (1 L)

800 g Weißkohl, fein gehobelt
150 g Karotten, gestiftelt
1 EL Salz
10 g getrocknete Holunderblüten

Holunderkraut

Ein klassisches Sauerkraut – fast jedenfalls: Um es geschmacklich etwas spannender zu gestalten, fügen wir neben Karotten Holunderblüten hinzu. So entsteht ein frühlingshafter Krautcharakter!

Die Zubereitung erfolgt nach dem Verfahren wie auf S. 10 beschrieben. Da die Holunderblüten im Sauerkraut jedoch kein allzu schöner Anblick sind, sorgen wir mit einem kleinen Trick dafür, dass wir sie nach der Fermentation wieder entfernen können: Sie werden in einen Teebeutel gegeben. Diesen ins Glas geben, wenn ein Drittel des Krautes eingeschichtet ist. Dann das restliche Kraut einfüllen. Den Teebeutel später mit etwas Vorsicht entfernen – die Aromen bleiben im Kraut!

Goldenes Sauerkraut

Curtido

Curtido

FÜR 1 GLAS (1 L)

650 g Weißkohl, fein gehobelt
1 EL gehackte Zwiebeln
70 g rote Paprika, in Streifen
130 g Karotten, in feinen Scheiben
1 EL Salz
2 Knoblauchzehen, mit dem Messerrücken angedrückt
1 TL Chiliflocken
½ EL gerebelter Oregano

Aus El Salvador stammt diese würzige Sauerkrautvariante. Paprika, Chili, Knoblauch, Zwiebeln und Oregano geben dem Curtido ein volles und leicht scharfes Aroma. In Südamerika wird es oft an der Seite von gefüllten Mais-Tortillas serviert: Die Röstaromen der Tortillas, die Süße und die Fettigkeit der Füllung (meist Käse oder Bohnen oder beides) harmonieren bestens mit der Säure und Würze des Curtidos.

Die Zubereitung erfolgt nach den Schritten eins bis sechs auf S. 10.

Coleslaw

FÜR 1 GLAS (1 L)

800 g Weißkohl, fein gehobelt
95 g Karotten, gestiftelt
1 EL gehackte Zwiebeln
1 EL Salz
¼ TL schwarzer Pfeffer
½ TL edelsüßes Paprikapulver
1 TL gelbe Senfkörner
½ TL Kümmelsamen

Coleslaw ist ein deftiger Krautsalat, dessen Ursprung zwar nicht in den USA liegt – der dort aber sehr gern gegessen wird. Allerdings ist er dort nicht fermentiert, im Gegensatz zu unserer Coleslaw-Variante.

Die Zubereitung erfolgt nach den Schritten eins bis sechs auf S. 10.

Spitzkohl-Kimchi

Spitzkohl-Kimchi

FÜR 1 GLAS (1 L)

800 g Spitzkohl, grob geschnitten
2 EL Zwiebeln, in Ringen
½ Knoblauchzehe, mit dem Messerrücken angedrückt
1 TL Senfkörner
1 ½ EL Gochugaru-Chiliflocken
2 EL frisch geriebener Ingwer
1 EL Salz

Zugegeben: Das Spitzkohl-Kimchi ist kein traditionell koreanisches Kimchi. Das soll es auch nicht sein. In Korea wird vorwiegend Chinakohl genutzt und auch die Zubereitungsart ist eine andere. Wir verwenden jedoch die koreanischen Gewürze und kombinieren sie mit typisch deutschem Weißkohl und unserer Methodik.

Die Zubereitung erfolgt nach den Schritten eins bis sechs auf S. 10.

Rote Bete mit grünem Fenchel

FÜR 1 GLAS (1 L)

950 g Rote Bete, fein gehobelt
1 ½ TL süße Fenchelsamen
1 EL Salz

Rote Bete und Fenchel sind ohnehin ein aromatisches Dreamteam. Selbst Menschen, die Rote Bete nicht mögen oder solche, die Fenchel nicht ausstehen können, werden hier überrascht. Das Ganze ist eben mal wieder mehr als die bloße Summe seiner Teile.

Die Zubereitung erfolgt nach den Schritten eins bis sechs auf S. 10.

Fermentierte Saure Gurken

Es gibt zwei Varianten von sauren Gurken, sie sich in der Zubereitung grundlegend unterscheiden (siehe unten). Wir sind natürlich riesige Fans der fermentierten Salzgurken (Variante 2) und mögen unsere Version mit Dill oder Basilikum sehr.

FÜR 1 GLAS (1 L)

800 g feste, kleinere Gurken
5 Stängel Kräuter (z.B. Dill oder Basilikum)
2–3 tanninhaltige Blätter (z.B. Johannisbeer- oder Sauerkirschblätter)
2–3 Lorbeerblätter (optional)
1 EL Salz
½ EL schwarze Pfefferkörner
500 ml 2%ige Salzlake (500 ml Wasser + 10 g Salz)

Die Gurken mit einer Gabel einstechen und die Enden flach abschneiden. Dann aufrecht dicht an dicht ins Glas stellen, sodass sie sich gegenseitig stützen. Die Kräuter und Blätter einfach dazwischen mogeln. Nun noch Salz und Pfefferkörner zugeben und mit so viel Salzlake auffüllen, bis alles gut bedeckt ist.

→ **Variante 1** funktioniert mit einem kochenden Sud aus Essig und Gewürzen, in dem die Gurken gebrüht werden. Diese Gurken sind steril und nicht fermentiert – in der Regel enthält der Sud größere Mengen Zucker. Bei den meisten im Handel befindlichen sauren Gurken handelt es sich um diese Variante.

→ Bei **Variante 2** handelt es sich um Salzgurken. Meist sind diese etwas größer; der bedeutende Unterschied besteht allerdings darin, dass sie in Salzlake unter Zugabe von Kräutern und anderen Gewürzen fermentiert werden. Oft verlieren sie sehr rasch ihren Biss – weshalb sie schnell verzehrt werden müssen. Wenn man allerdings tanninhaltige Zutaten wie Meerrettich oder Pflaumenblätter zufügt, bleiben sie länger knackiger.

Holunder-Karotten

Holunder-Karotten

FÜR 1 GLAS (1 L)

950 g Karotten, fein gehobelt
1 EL Salz
10 g getrocknete Holunderblüten

Bei der Verarbeitung von Wurzelgemüse variieren wir gern so wie hier sogenannte »Himmel-und-Erde«-Rezepte: Rote Bete, Karotten und Sellerie – also Früchte, die unter der Erde wachsen, – werden mit Fenchelsamen, Holunderblüten oder Quitten kombiniert, alles Komponenten aus der himmlischen Sphäre.

Die Zubereitung erfolgt nach dem Verfahren wie auf S. 10 beschrieben. Allerdings die Holunderblüten in einen Teebeutel füllen und diesen ins Glas geben, wenn ein Drittel des Krautes eingeschichtet ist. Das restliche Kraut darüber einfüllen und den Teebeutel später entfernen. (Siehe auch S. 16.)

Quitten-Sellerie mit Thymian

FÜR 1 GLAS (1 L)

850 g Knollensellerie, geraspelt
70 g Quitten, entkernt und geraspelt
1 ½ TL getrockneter Thymian
1 EL Salz

Der Knollensellerie wird geerntet, wenn die Quitten reifen – eine glückliche Fügung! Denn auch geschmacklich passt der erdige Sellerie hervorragend zur Quitte. Dazu ein wenig Thymian und schon ist sie fertig, die »Umami-Bombe«.

Die Zubereitung erfolgt nach den Schritten eins bis sechs auf S. 10.

Tomatenketchup

Natürlich lässt sich auch Obst wie Äpfel, Aprikosen und Pflaumen milchsauer fermentieren. Hier soll es allerdings um Früchte gehen, die kulinarisch zum Gemüse zählen, wie zum Beispiel Tomaten. Oft sind sie in großer Menge verfügbar oder müssen in großen Mengen gleichzeitig geerntet werden und so bietet es sich an, sie sinnvoll zu konservieren.

FÜR 1 GLAS (1 L)

900 g Tomaten
1 kleine Zwiebel
1 Knoblauchzehe
1 EL Salz
getrocknetes Basilikum oder Oregano nach Belieben

1. Tomaten, Zwiebeln und Knoblauch klein schneiden oder in einer Küchenmaschine zerkleinern. Salz zufügen und alles in ein Drahtbügelglas geben.
2. Die Tomaten bei Zimmertemperatur (20–23 °C) 1–2 Wochen stehen lassen, je nachdem wie sauer Sie es mögen. Im Drahtbügelglas setzen sich oben die Tomaten ab – die sogenannte Pulpe – unten sammelt sich die Lake.
3. Die Pulpe ist die Basis für eine Art Tomatenketchup. Dazu wird sie gründlich püriert, nach Belieben mit weiteren Gewürzen verfeinert, z.B. mit Basilikum oder Oregano, und in Gläser abgefüllt. Dieser Ketchup ist im Kühlschrank mehrere Monate haltbar. Allerdings weicht er vom gewohnten Aromaprofil ab – ihm fehlt die Süße. Wer mag, ergänzt diese kurz vor dem Gebrauch: den »Ketchup« einfach mit etwas flüssigem Honig oder Ahornsirup aufmixen.

TIPP

Auch die entstandene Lake sollte unbedingt verwendet werden. Sie ist sehr wertvoll. In ihr lässt sich zum Beispiel Tofu marinieren oder Sie wird Bestandteil einer Gazpacho.

→ Wer es süß und sauer mag, stellt Ketchup aus fermentierten Tomaten mit Zucker her. Dazu 50 g Zucker in einen Topf geben und bei geringer Hitze langsam karamellisieren lassen. Sobald der Zucker goldbraun ist, 500 g fermentierte Tomaten zufügen. Ca. 1 ½ Stunden offen köcheln lassen, bis die Flüssigkeit sich auf die Hälfte reduziert hat. Anschließend alles fein pürieren, bei Bedarf mit Salz und Chili würzen und heiß in saubere Schraubgläser füllen.

Hotsauce

Eine gute Hotsauce gibt vielen Gerichten, Marinaden oder Dips die nötige Schärfe. Durch ihre Konsistenz kann man sie hervorragend dosieren. Es eignen sich im Prinzip alle Chilis dafür – sehr scharfe und milde, rote, braune, grüne oder gelbe und auch unreife. Denn oft besitzen schon unausgereifte Früchte ein tolles Aroma, bevor sich ihre Schärfe voll ausgebildet hat.

FÜR 1 GLAS (1 L)

830 g rote Chilis, grob gehackt (mit Kernen)
1 Knoblauchzehe, mit dem Messerrücken angedrückt
1 TL schwarze Pfefferkörner
1 EL Salz
1 ½ EL grob gehackte Zwiebeln
2 cm frischer Ingwer, mit dem Messerrücken kräftig angedrückt
½ TL geräuchertes Paprikapulver
1 Msp. gemahlener Zimt
2%ige Salzlake nach Bedarf (siehe S. 10)

Die Zutaten vermengen und wie gewohnt in ein Drahtbügelglas schichten, soweit mit Salzlake auffüllen, dass das Gemüse vollständig bedeckt ist. Nach ca. 6 Wochen Fermentation alles in einem Standmixer fein pürieren und in eine saubere Flasche oder ein Drahtbügelglas füllen.

→ Die gute Nachricht ist, dass die Schärfe bei fermentierten Chilis mit der Zeit abnimmt und die anderen Aromen wieder stärker zum Vorschein kommen. Allerdings braucht es dafür etwas Geduld. Es kann manchmal schon 2–3 Jahre dauern, bis ein höllisch scharfes Chili-Ferment nur noch schmerzlich scharf ist.

DIPS, DRESSINGS & AUFSTRICHE

Sie sorgen häufig dafür, dass aus einzelnen Elementen ein ausgewogenes Gericht wird: Dips, Dressings und Aufstriche. Im Idealfall sind sie das aromatische Bindeglied zwischen den Zutaten und sorgen für den richtigen Kick. Erst recht, wenn sie Fermente enthalten. Dann wird es sogar richtig aufregend. Oder sollten wir »anregend« sagen – für unser Mikrobiom?

PROBIOTISCH, VEGAN

FÜR 1 GLAS (200 ML)

1 rote Zwiebel, fein gehackt
1 Tomate, fein gewürfelt
1 Knoblauchzehe, in feinen Scheiben
2 TL Hotsauce (siehe S. 31)
¼ Bund Koriander, fein gehackt
1 Prise Salz
schwarzer Pfeffer

Fermentierte Salsa

Diese Salsa (Foto links) lässt sich optimal zu Tacos und Chips servieren. Aber sie verleiht auch Tomatensaucen, Eiersalaten, Burgern und Sandwiches den gewissen Pfiff.

Alle Zutaten bis auf Salz und Pfeffer in einer Schüssel mischen und 30 Minuten bei Zimmertemperatur Aroma entfalten und Saft ziehen lassen. Vor dem Servieren mit Salz und Pfeffer würzen.

PROBIOTISCH, VEGETARISCH

FÜR 1 GLAS (200 ML)

60 g fermentierte Gurke + 1 EL Lake (siehe S. 24)
½ TL Koriandersamen
150 ml griechischer Joghurt (10 % Fett)
10 g Dill, fein gehackt
1 Prise Salz

Saures Tzatziki

Diese griechische Spezialität (Foto Mitte) bildet zusammen mit Brot eine klassische Vorspeise. Wir servieren es gerne mit Pellkartoffeln – die Griechen mögen uns verzeihen. In diesem Rezept gibt's Probiotik übrigens im Doppelpack: aus den Joghurtkulturen und aus den sauren Gurken.

Die fermentierte Gurke in kleine Würfel schneiden, die Koriandersamen im Mörser fein zermahlen und alles zusammen mit Lake, Joghurt, Dill und Salz in einer Schüssel mischen.

Fermentierte Mayonnaise

FÜR 1 GLAS (200 ML)

2 Eigelb
1 EL Senf
3 EL fermentierte Rote Bete, fein gewürfelt + 3 EL Lake (siehe S. 23)
150 ml Olivenöl
1 Prise Salz

Wegen ihres Fettgehalts von ca. 80 % hat Mayo gesundheitstechnisch nicht den besten Ruf – aber sie ist so verdammt lecker! Wenn statt des üblichen Zitronensafts Fermente und deren Lake Verwendung finden, lässt sie sich farblich wie geschmacklich wunderbar variieren. Auf dem Foto (siehe S. 35) ist rechts Mayonnaise zu sehen, die mit der Lake von fermentierter Rote Bete zubereitet wurde. Es kann aber die Lake aller Fermente verwendet werden.

Eigelb, Senf und Lake mit dem Pürierstab oder in einem Standmixer mixen. Das Öl erst tröpfchenweise untermischen, dann langsam in dünnem Strahl zugießen, bis die Mayonnaise Form annimmt. Die Rote Bete unterheben und mit Salz abschmecken.

TIPP

Die Mayonnaise kann auch vegan zubereitet werden. Dazu Sojajoghurt verwenden und das Eigelb weglassen. Die Mayonnaise hält sich im Kühlschrank ca. 4 Tage.

PROBIOTISCH, VEGETARISCH ODER VEGAN

Pflaumen-Karotten-Dip

FÜR 1 GLAS (200 ML)

4 Pflaumen oder Zwetschgen, entsteint
100 g fermentierte Karotten (siehe S. 27)
1 EL Sonnenblumenöl (kalt gepresst)
½ EL Sojasauce
1 Msp. Chilipulver
2 TL Honig oder Rohrzucker nach Belieben

Dieser Dip ist durch die Verwendung frischer Pflaumen besonders fruchtig. Am besten wird er im Sommer oder Herbst zubereitet, wenn sie vollreif sind.

Die entsteinten Pflaumen halbieren, mit der Schnittseite nach oben auf ein Schneidebrett legen und etwas andrücken, damit die Haut möglichst gut auf dem Brett aufliegt. Mit einem Messer an der Haut entlang fahrend das Fruchtfleisch von der Haut trennen. Das Fruchtfleisch zusammen mit den restlichen Zutaten pürieren.

PROBIOTISCH, VEGAN

Rote-Bete-Pflaumen-Dip

FÜR 1 GLAS (200 ML)

6 Trockenpflaumen, entsteint
75 g fermentierte Rote Bete + 3 EL Lake (siehe S. 23)
2 EL Olivenöl
1 Prise Salz
schwarzer Pfeffer

Farblich und geschmacklich voller Tiefe. Die Kombination von Trockenpflaumen und fermentierter Roter Bete garantiert Süße, Säure, fruchtige und erdige Aromen. Hier zeigt sich die Natur in praller Fülle.

Die Trockenpflaumen zusammen mit 3 EL Wasser in einen kleinen Topf geben und aufkochen. Anschließend etwas abkühlen lassen und samt Kochwasser mit den übrigen Zutaten pürieren.

Sellerie-Pfefferminz-Dressing

FÜR CA. 250 ML

30 g fermentierter Sellerie + 2 EL Lake (siehe S. 27)
3 Knoblauchzehen, grob gehackt
1 Bund Minze, Blätter grob gehackt
2 TL flüssiger Honig oder Ahornsirup
1 Prise Salz
schwarzer Pfeffer
3 EL Olivenöl

Dieses Dressing (Foto rechts) ist unser Allrounder. Blattsalate lassen sich damit genauso umhüllen wie Kartoffelsalate. Vor allem geschmortes (und wieder abgekühltes) Wurzelgemüse ergibt mit diesem kräftigen Dressing einen Salat, der wohlschmeckend und sehr sättigend ist.

Alle Zutaten in einem schmalen, hohen Gefäß mit einem Stabmixer pürieren.

Karotten-Aprikosen-Dressing

FÜR CA. 250 ML

30 g fermentierte Karotten + 2 EL Lake (siehe S. 27)
3–4 Aprikosen, entkernt
¼ Jalapeño-Chili, entkernt
2 TL flüssiger Honig oder Ahornsirup
1 Prise Salz
3 EL Leindotteröl (ersatzweise Sonnenblumenöl)

Ein Universal-Dressing (Foto links) für grüne Blattsalate. Für dieses Rezept eignen sich am besten die kleinen, sehr süßen Zuckeraprikosen. Sie können auch eine andere Chilisorte verwenden, wenn Sie es milder oder schärfer bevorzugen.

Alle Zutaten in einem schmalen, hohen Gefäß mit einem Stabmixer pürieren.

Rote-Bete-Pflaumen-Dressing

FÜR CA. 250 ML

30 g fermentierte Rote Bete + 3 EL Lake (siehe S. 23)
3–4 Pflaumen oder Zwetschgen, entsteint
2 TL flüssiger Honig oder Ahornsirup
1 Prise Salz
3 EL Olivenöl

Dies ist ein kräftiges Dressing für bunte Gemüsesalate (siehe Foto S. 38, unten). Das verwendete Ferment und seine Lake sorgen nicht nur für Säure (wie normalerweise Zitronensaft oder Essig im Dressing), sondern bringen neben Farbe und Geschmack auch jede Menge Probiotika mit.

Alle Zutaten in einem schmalen, hohen Gefäß mit dem Stabmixer pürieren.

TIPP

Die Dressings passen jeweils gut in ein kleines Schraub- oder Drahtbügelglas. Sie halten sich im Kühlschrank mindestens 1 Woche. Wenn sich das Öl von den anderen Komponenten trennt, das verschlossene Glas einfach kräftig schütteln.

Rote-Bete-Aufstrich

FÜR 1 GLAS (200 ML)

100 g Cashewkerne
75 g fermentierte Rote Bete (siehe S. 23)
1 EL Sonnenblumenöl
½ EL Zitronensaft
1–2 Stängel Minze
Salz
schwarzer Pfeffer

Ein erfrischender Aufstrich (Foto links), der sich mit seiner Signalfarbe nicht nur sehen lassen kann, sondern mit seiner fein würzigen Cremigkeit auch hervorragend schmeckt.

Die Cashewkerne einen Tag vorher in Wasser einweichen. Am nächsten Tag vor der Weiterverwendung in einem Sieb abtropfen lassen. Zusammen mit der Roten Bete, dem Sonnenblumenöl und Zitronensaft in eine hohe Schüssel oder in einen Standmixer geben und alles pürieren. Die Minzeblättchen fein schneiden und untermischen. Gegebenenfalls mit Salz und Pfeffer würzen.

Scharfe Erbsen-Guacamole

FÜR 1 GLAS (200 ML)

150 g Erbsen (TK oder frisch)
1 Knoblauchzehe
2 EL grüne Hotsauce (siehe S. 31)
1 EL Zitronensaft
½ TL Olivenöl
2–3 Stängel Koriander, fein gehackt
2–3 Stängel Basilikum, fein gehackt

Statt der üblichen Avocado werden in diesem Dip (Foto Mitte links) Erbsen verwendet. Avocados sind lecker, aber ihre Plantagen sind allzu oft bedenklich. Deswegen – und wegen ihres genialen Geschmacks – präferieren wir diese Erbsen-Version.

Frische Erbsen palen und 10 Minuten in kochendem Salzwasser blanchieren, anschließend kalt abschrecken. TK-Erbsen auftauen lassen. Anschließend mit Knoblauch und Hotsauce in einer Küchenmaschine oder mit dem Pürierstab zu einer Creme pürieren. Zitronensaft und Öl zugeben und die gehackten Kräuter untermischen.

Goldener Aufstrich

FÜR 1 GLAS (200 ML)

50 g rote Linsen
100 g Goldenes Sauerkraut (siehe S. 16)
2 EL Olivenöl
1 Prise Salz
schwarzer Pfeffer

Auch bei diesem Aufstrich (siehe Foto S. 43, Mitte rechts) werden Hülsenfrüchte verwendet. Die Linsen passen geschmacklich wie optisch hervorragend zum Goldenen Sauerkraut.

Die roten Linsen in der doppelten Menge Wasser 10 Minuten weich kochen, anschließend in einem Sieb abtropfen lassen. Mit den übrigen Zutaten in eine hohe Schüssel oder den Standmixer geben und pürieren. Mit Salz und Pfeffer würzen.

Sellerie-Bohnen-Creme

FÜR 1 GLAS (200 ML)

250 g weiße Bohnen (Dose oder selbst gekocht)
100 g fermentierter Sellerie + 50 ml Lake (siehe S. 27)
3 Stängel Petersilie
1 Prise Salz
schwarzer Pfeffer

Vegane Brotaufstriche sind mittlerweile im Mainstream angekommen. Aber wie wäre es mit probiotischen Brotaufstrichen ohne Konservierungsstoffe, aber mit Schmackes? Bei diesem Aufstrich (siehe Foto S. 43, rechts) harmonieren die Cremigkeit und die Süße der Bohnen bestens mit der Säure und den herben Aromen des fermentierten Selleries.

Bohnen, Sellerie und Lake in einen Mixer oder eine hohe Schüssel geben und pürieren. Die Petersilie fein hacken, untermengen und alles mit Salz und Pfeffer würzen.

Fermente-Hummus

In diesem Buch wird man der Kombination aus Hülsenfrüchten und fermentiertem Gemüse des Öfteren begegnen. Nicht nur geschmacklich, auch ernährungsphysiologisch ergibt diese Paarung Sinn. Zu pürierten Kichererbsen oder Ackerbohnen, Sesammus und Olivenöl wird traditionellerweise Zitronensaft gegeben. Wir fügen außerdem Fermentelake hinzu.

FÜR CA. 600 G

300 g Kichererbsen
½ TL Natron
1 EL Olivenöl
1 EL Tahini
2 EL Zitronensaft
1 Knoblauchzehe, fein gehackt oder gerieben
240 g fermentiertes Gemüse nach Belieben + 3 EL Lake

1. Die Kichererbsen über Nacht in reichlich Wasser einweichen. Am nächsten Tag das Wasser abgießen, die Kichererbsen kalt abspülen und in einem Topf mit frischem Wasser bedecken. Das Natron (es sorgt dafür, dass sich die weiche, aber sehr markante Schale der Kichererbsen besser auflöst) zugeben und bei mittlerer Hitze zum Köcheln bringen. So lange köcheln, bis das Wasser komplett verdampft ist und sich die Kichererbsen zwischen den Fingern ganz leicht zerdrücken lassen.Die Kichererbsen-Masse in eine Schüssel oder einen Standmixer geben, 2 EL kaltes Wasser oder bestenfalls 2 Eiswürfel zufügen und gut pürieren. Olivenöl, Tahini, Zitronensaft und Knoblauch zufügen und nochmals gründlich pürieren, bis das Hummus cremig ist.
2. Nun Ferment und Lake zugeben und erneut pürieren. Wer sich mehr Variation wünscht, kann die ca. 600 g Hummus in 3 Portionen aufteilen und diese unterschiedlich verfeinern. Dazu jeweils ein Drittel der angegebenen Menge von Ferment und Lake, also 80 g Ferment und 1 EL Lake, zu jeweils 200 g Hummus geben und pürieren. In unserem Beispiel haben wir Goldenes Sauerkraut, Holunder-Karotte und fermentierte Rote Bete verwendet.

SALATE, SUPPEN & SNACKS

Salate sind nur was für den Sommer, Suppen nur für den Winter und Snacks gehen immer? Stimmt nicht! Es gibt erfrischende Gazpachos für heiße Tage und herzhafte Bohnensalate für ein Dinner am Kamin. Die Vielfalt an Suppen, Salaten und leckeren Kleinigkeiten ist faszinierend. Die Kombinationsmöglichkeiten aus frischem und fermentiertem Gemüse sind schier unendlich. Und wenn eine vielfältig zusammengesetzte Ernährung die gesündeste ist, dann vereinen unsere Rezepte das Leckere und Gute in bester Weise.

Bohnensalat mit Curtido

Die im Rezept verwendeten »black-eyed peas« sind die Bohnen Südamerikas. Ob die Kombination mit dem salvadorianischen Curtido typisch lateinamerikanisch ist, entzieht sich leider unserer Kenntnis. Möglich wär's! Die angenehme Schärfe ist hier ein Muss und überfordert uns Europäer nicht. Da der Bohnensalat erst im lauwarmen Zustand mit dem Curtido und der fermentierten Hotsauce konfrontiert wird, bleibt der probiotische Effekt erhalten.

FÜR 2 PERSONEN

150 g Schwarzaugenbohnen (oder andere Trockenbohnen)
½ TL Natron
½ rote Paprika, gehackt
1 Bund Frühlingszwiebeln, in feinen Ringen
Saft von ½ Zitrone
1 EL flüssiger Honig
½ TL Hotsauce (siehe S. 31)
100 g Curtido (siehe S. 19)
2 EL Olivenöl
1 TL Salz
2 EL gehackter Koriander (optional)

1. Die Bohnen in reichlich Wasser und Natron ca. 12 Stunden einweichen. Danach in einem Sieb mit kaltem Wasser dreimal abspülen und in ca. 500 ml Wasser in ca. 2 Stunden gar kochen. (Sie sollen richtig schön weich werden. Das beim Einweichen verwendete Natron hilft dabei sehr.)
2. Das Kochwasser abschütten und die Bohnen erneut in einem Sieb mit kaltem Wasser abspülen. Die Bohnen in eine große Schüssel füllen, Paprika und Frühlingszwiebeln zugeben. Die restlichen Zutaten ebenfalls zugeben und alles sorgfältig vermischen. Den Salat mindestens 30 Minuten durchziehen lassen.

Linsensalat mit Wurzelgemüse und Spitzkohl-Kimchi

Wie schon beim Bohnensalat setzen wir hier auf eine Kombination von Hülsenfrüchten und Gemüseferment. Die Begründung ist die gleiche: Es passt einfach perfekt zusammen! Übrigens eignet sich dieser Salat super für ein Picknick oder als Reiseproviant.

FÜR 2 PERSONEN

150 g Belugalinsen
400 g Tomaten
1 Salatgurke
5 EL gutes Olivenöl
Salz
schwarzer Pfeffer
2 EL Honig oder Ahornsirup
2 Schalotten, fein gehackt
½ TL Kreuzkümmelsamen
1 Knoblauchzehe, fein gehackt
50 g fermentierte Karotten (siehe S. 27)
50 g fermentierter Sellerie (siehe S. 27)
8 Stängel Petersilie
8 Stängel Minze

1. Die Linsen in einem Sieb mit kaltem Wasser abspülen und in 300 ml ungesalzenem Wasser ca. 30 Minuten garen.
2. Tomaten und Gurken halbieren, entkernen und beides in ca. 1 cm große Würfel schneiden. In einer Schüssel mit 3 EL Olivenöl vermengen und kräftig mit Salz und Pfeffer wurzen.
3. 2 EL Öl und Honig in einer mittelgroßen Pfanne erhitzen. Die Schalotten darin mit dem Kreuzkümmel bei mittlerer Hitze ca. 10 Minuten glasig andünsten. Kurz vor Ende den Knoblauch zugeben. Vom Herd nehmen und im Anschluss erst die Linsen, dann die Gurken-Tomaten-Mischung und zum Schluss das fermentierte Gemüse unterheben.
4. Von Petersilie und Minze die Blättchen abzupfen, fein hacken und untermischen. Den Salat 30 Minuten durchziehen lassen, abschmecken und servieren.

Salat aus Roter Bete, Rucola und Wassermelone

Ein wunderbar vitalisierender Salat nach einem langen Sommertag! Die Wassermelone bildet mit dem Feta und der Roten Bete ein echtes Dreamteam. Nach so einer angenehm leichten Stärkung kann der Abend gerne lang werden.

FÜR 2 PERSONEN

¼ Wassermelone (ca. 1 kg)
100 g fermentierte Rote Bete + 2 EL Lake (siehe S. 23)
2 EL Olivenöl
Salz
schwarzer Pfeffer
350 g Rucola
100 g Rote oder Bunte Bete
80 g Feta
Saft von ½ Zitrone (optional)
1 TL Sumach (optional)

1. Für das Dressing ca. 30 g Wassermelone mit einer Gabel zerdrücken und durch ein Sieb geben, den Saft auffangen und mit Rote-Bete-Lake und Olivenöl mischen. Mit Salz und Pfeffer abschmecken.
2. Rucola waschen und trocken schleudern. Übrige Wassermelone schälen und in ganz kleine Würfel schneiden. Die Rote Bete ebenfalls schälen und in dünne Scheiben schneiden. Alles zum Dressing in die Schüssel geben und miteinander vermengen. Den Feta zerbröseln und darübergeben. Nach Belieben mit Zitronensaft und Sumach abschmecken.

Salatherzen mit Kartoffelpüree und fermentierter Roter Bete

Erneut werden Röstaromen und die natürliche Süße des unfermentierten Gemüses ideal mit der Säure der fermentierten Bete kombiniert. Die Röstaromen stammen vom gebratenen Salat. Er entwickelt auch die erwähnte Süße – genau wie die Kartoffeln im Püree. Die Lake der fermentierten Bete wird für das Dressing verwendet – hier ersetzt sie die sonst übliche Zitrone bzw. den Essig.

FÜR 2 PERSONEN

4 mittelgroße mehlig- oder vorwiegend festkochende Kartoffeln
Salz
75 ml Olivenöl + etwas mehr
100 g Ringelbete (alternativ Rote Bete)
100 g fermentierte Rote Bete + 50 ml Lake (siehe S. 23)
1 EL Sesamsamen
2 Romana-Salatherzen

1. Kartoffeln schälen, in einen Topf geben und knapp mit Wasser bedecken. Bei geschlossenem Deckel in ca. 20 Minuten garen, anschließend mit dem Kartoffelstampfer im Topf mit Salz und 25 ml Olivenöl zu einem Püree zerdrücken.
2. Die Ringelbete schälen und in dünne Scheiben schneiden oder auf einer Mandoline hobeln. Das übrige Olivenöl mit der Rote-Bete-Lake vermengen und die frische Bete darin mindestens 10 Minuten marinieren. Sesam in einer großen Pfanne ohne Fett 3–5 Minuten anrösten. Die Romanasalatherzen längs halbieren und in der heißen und geölten Pfanne mit der Schnittseite nach unten 1–2 Minuten anbraten.
3. Das Kartoffelpüree sowie die frische und fermentierte Bete auf zwei Teller verteilen. Die Salatherzen auf dem Püree anrichten, mit der restlichen Marinade der Roten Bete beträufeln und mit geröstetem Sesam bestreuen.

Schmorgemüse-Obstsalat

Ist es nun Schmorgemüse mit Obst? Oder ist es ein Obstsalat mit Schmorgemüse? Die richtige Kategorisierung interessiert an dieser Stelle gar nicht: Das Entscheidende bei diesem Rezept ist die Harmonie zwischen der Säure des Ferments, den Röstaromen vom Gemüse und der Süße des Honigs.

FÜR 2 PERSONEN

1 Bund Fingerkarotten
1 Orange
2 EL Sonnenblumenöl
2 EL Honig oder Ahornsirup
50 g fermentierte Karotten + 2 EL Lake (siehe S. 27)
½ TL gemahlener Kreuzkümmel
Salz

1. Fingerkarotten schälen und der Länge nach halbieren. Die Orange schälen – am besten mit einem scharfen Messer die Schale so großzügig abschneiden, dass die weiße Haut komplett entfernt wird. Austretenden Saft auffangen. Die Hälfte der Orange in Filets schneide und beiseitelegen. Die andere Hälfte entsaften.

2. Öl und 1 EL Honig bzw. Ahornsirup in einer Pfanne erhitzen und die Karotten darin karamellisieren, mit der Hälfte des Orangensafts und 1 EL Lake ablöschen und die Pfanne von der Hitze nehmen. Den übrigen Saft, Lake und die fermentierten Karotten in ein hohes, schmales Gefäß geben und mit dem Stabmixer zu einem Dip pürieren, mit Kreuzkümmel, Honig und Salz würzen.

3. Den Dip als Klecks in die Mitte der Teller geben, die karamellisierten Karotten und die Orangenfilets darauflegen und mit der restlichen Flüssigkeit aus der Pfanne beträufeln.

Zwei-Farben-Gazpacho

Eine Abwandlung der klassischen Gazpacho: Statt Essig verwenden wir saure Lake, die beim Fermentieren der Zutaten entsteht. Diese Gazpacho braucht also etwas Zeit! Dafür beeindruckt sie dann mit einer wunderbar frischen Britzeligkeit und jeder Menge Probiotik.

FÜR 8 PERSONEN

Für grüne Gazpacho

850 g grüne Tomaten
1 Salatgurke (ca. 200 g)
100 g grüne Paprika
1 Schalotte
2 Knoblauchzehen
½ grüne Jalapeño
½ Bund Basilikum
½ EL Salz

1 Drahtbügelglas à 1 l

Für rote Gazpacho

850 g rote Tomaten
100 g rote Paprika
1 Schalotte
2 Knoblauchzehen
½ rote Jalapeño
½ Bund Basilikum
½ EL Salz

1 Drahtbügelglas à 1 l

1. Die Zubereitung der unterschiedlich farbigen Suppen erfolgt in zwei Schritten. Der erste Schritt ist für beide Varianten eine mindestens einwöchige Fermentation. Der zweite Schritt ist die eigentliche Zubereitung – sie unterscheidet sich für die beiden Varianten nur minimal. Sowohl für die grüne als auch für die rote Gazpacho werden die Tomaten gehäutet. Dazu die Haut der Tomaten mit einem scharfen Messer kreuzweise einritzen und die Tomaten ca. 30 Sekunden in siedendem Wasser kochen. Abgießen, kalt abschrecken, anschließend schälen und grob würfeln. Die roten und grünen Tomaten jeweils in eine eigene Schüssel geben. Die Gurke schälen, Paprika entkernen und genau wie Schalotten, Knoblauch, Jalapeño und Basilikum grob wür-feln und in die jeweilige Schüssel geben. Salz zugeben und alles ca. 30 Minuten etwas Saft ziehen lassen, dann jeweils in 1 Drahtbügelglas füllen. Gut verschließen und für 1–2 Wochen bei Zimmertemperatur fermentieren lassen.

→ *Fortsetzung auf der nächsten Seite*

Außerdem

260 g rote Tomaten
1 Salatgurke
2 Schalotten
6 EL Gemüsebrühe
8 EL Olivenöl + etwas mehr
Salz
schwarzer Pfeffer
60 g rote Paprika
ca. 4 EL Croûtons (in Öl geröstete Weißbrotwürfel)

2. Wenn das Ferment nach 1–2 Wochen fertig ist, die restlichen Tomaten wie oben beschrieben häuten, die Gurke schälen. Beides getrennt voneinander grob würfeln, jeweils 4 EL abnehmen und beiseitestellen und den Rest jeweils in eine Schüssel geben. Die farblich korrespondierenden, selbst hergestellten Fermente zugeben: das rote Ferment zu den Tomaten, das grüne Ferment zur Gurke.

3. Die Schalotten grob würfeln und auf beide Schüsseln verteilen. Gemüsebrühe und Olivenöl ebenfalls auf beide Schüsseln verteilen, mit Salz und Pfeffer würzen und den Inhalt der Schüsseln jeweils mit einem Stabmixer oder in einem Standmixer pürieren. Nun die beiden Gazpachos am besten gleichzeitig in tiefe Teller gießen – dann bleiben die Farben getrennt. Das ist nicht unbedingt notwendig, aber sieht schön aus. Die Paprika fein würfeln und zusammen mit der beiseitegestellten Tomate und Gurke über den Gazpacho geben. Mit Croûtons garnieren und mit Olivenöl beträufelt servieren.

Fisch-Soljanka

Ein herrlich wärmendes Gericht für die kalte Jahreszeit. Das Curtido geben wir erst ganz zum Schluss dazu: so gibt es nicht nur Würze, sondern behält auch seine Frische und die probiotischen Eigenschaften. Übrigens ist es egal, von welchem Speisefisch die Karkassen, Köpfe und Bauchlappen stammen.

FÜR 4 PERSONEN

Für den Fischfond

1 kg Karkassen, Köpfe und Bauchlappen vom Fisch
250 g Zwiebeln, grob gehackt
350 g Lauch
300 g Karotten
450 g Knollensellerie
350 g Petersilienwurzel
250 g Tomaten
2 EL Olivenöl
½ Bund Dill
½ Bund Petersilie
1 EL Senfkörner
1 TL Fenchelsamen
3 Lorbeerblätter
3 Wacholderbeeren
3 Pimentkörner
Salz
schwarzer Pfeffer

1. Für den Fischfond Karkassen und Co. mindestens 30 Minuten wässern, dabei das Wasser mehrmals wechseln. Währenddessen das Gemüse putzen und bis auf die Tomaten in grobe Stücke schneiden. Olivenöl in einem großen Edelstahltopf (3 l) erhitzen und das vorbereitete Gemüse darin kurz heiß anbraten. Anschließend von der Hitze nehmen und abkühlen lassen. Dann die Karkassen und die Tomaten dazugeben.
2. Jetzt mit kaltem (!) Wasser soweit auffüllen, bis der Ansatz vollständig bedeckt ist, und alles auf niedriger Stufe langsam zum Köcheln bringen. Das kann ca. 1 Stunde dauern. Zwischendurch die aufsteigenden Trübstoffe mit einer Schaumkelle abschöpfen. Sobald es köchelt, alle übrigen Zutaten für den Fischfond zugeben. Die Hitze nun etwas reduzieren und den Fond weitere 2 Stunden vor sich hin köcheln lassen.

→ *Fortsetzung auf der nächsten Seite*

Für die Soljanka
3 EL Öl
300 g Zwiebeln, in Ringen
250 g Paprika, in Streifen
2 Knoblauchzehen, fein gehackt
30 g Tomatenmark
2 TL geräuchertes Paprikapulver
2 TL edelsüßes Paprikapulver
100 g fermentierte Gurke, gewürfelt + 100 ml Lake (siehe S. 24)
1 ⅛ l Fischfond
2 Lorbeerblätter
3 Pimentkörner
½ TL Senfkörner
½ TL Koriandersamen
½ Zitronensaft
1 TL Zucker
Salz
schwarzer Pfeffer
½ Bund Petersilie
400 g Kabeljau- oder Dorschfilet
300 g Curtido (siehe S. 19)

3. Für die Soljanka das Öl in einem großen Topf erhitzen, die Zwiebeln darin bei mittlerer Stufe 3–4 Minuten andünsten, anschließend die Paprika zugeben. Nach 7 Minuten, wenn die Paprika fast gar sind, Knoblauch, Tomatenmark und beide Paprikapulver zugeben. Alles noch etwas im Topf durchziehen lassen. Mit Gurken und Lake ablöschen, nach 1–2 Minuten den Fischfond zugießen.

4. Nun kommen die Gewürze dazu: Lorbeerblätter, Piment, Senfkörner, Koriandersamen sowie Zitronensaft, Zucker, Salz und Pfeffer. Alles 30 Minuten köcheln lassen. In der Zwischenzeit die Petersilie hacken und beiseitestellen. Den Fisch in mundgerechte Stücke schneiden und 5 Minuten vor Ende der Garzeit in die Suppe geben. Die Petersilie gemeinsam mit dem Curtido nicht zu sparsam zum Garnieren verwenden und rasch servieren.

→ Wir bereiten die Soljanka in zwei Schritten zu. Erst wird ein Fischfonds hergestellt und danach die Soljanka. Dieses Vorgehen bietet sich an, wenn man den Fisch im Ganzen gekauft hat. So gibt es keine Abfälle. Man kann sogar beim Fischhändler fragen, ob er »Abfälle« übrig hat – also Karkassen, Köpfe, Bauchlappen etc. Wer dazu keine Lust hat oder keine Zeit, verwendet fertigen Fischfond.

Zwiebelsuppe mit fermentiertem Sellerie

Zwiebeln bekommen spätestens beim Glasieren eine deutliche Süße. Ihr begegnet die Säure des fermentierten Selleries aufs Beste. Der Käse liefert Röstaromen, die ohnehin gut zu Fermentiertem passen. So entsteht die Spannung, die dieses sättigende und wärmende Gericht so interessant macht.

FÜR 4 PERSONEN

40 g Butter
500 g Zwiebeln, in Ringen
4 Knoblauchzehen, fein gehackt
20 g Mehl
150 ml Weißwein
250 g fermentierter Sellerie + 200 ml Lake (siehe S. 27)
1 l Gemüsebrühe
2 Lorbeerblätter
Salz
schwarzer Pfeffer
80 g Parmesan, frisch gerieben
4 Scheiben Weißbrot
Petersilie nach Belieben

1. Butter im großen Topf erhitzen, Zwiebeln und Knoblauch goldgelb darin anrösten. Mehl untermischen und 5 Minuten unter beständigem Rühren anschwitzen. Mit Weißwein und Lake ablöschen und kurz köcheln lassen. Brühe und Lorbeer zugeben und alles 20 Minuten reduzieren lassen, dann mit Salz und Pfeffer abschmecken. Den Ofen auf 230 °C vorheizen.
2. Während die Suppe kocht, das Brot toasten und anschließend in Würfel schneiden.
3. Das Brot in eine ofenfeste Schüssel geben, die Hälfte des fermentierten Selleries daraufgeben und mit der Zwiebelsuppe übergießen. Anschließend die andere Hälfte des Selleries darüber verteilen und mit geriebenem Parmesan bestreuen. Sofort in den Ofen auf die oberste Schiene geben und überbacken, bis der Käse schön goldbraun ist. Mit Petersilie bestreut servieren.

Kürbiscremesuppe mit Goldenem Sauerkraut

Jetzt wird Gold geschlürft. Farbliche Harmonie trifft auf Aromakontraste. Kürbis und Wurzelgemüse entwickeln durch das Anrösten im Topf eine schöne Süße. Das Goldene Sauerkraut fügt dem eine schöne Säure hinzu. Die orientalische Gewürze werden durch Chili ergänzt.

FÜR 4 PERSONEN

250 g mehligkochende Kartoffeln
Salz
1 Hokkaidokürbis (ca. 600 g)
1 große Karotte
1 Zwiebel
2 EL Olivenöl + etwas mehr
1,2 l Gemüsebrühe
200 g Goldenes Sauerkraut + 1 EL Lake (siehe S. 16)
30 g Saure Sahne
schwarzer Pfeffer
2 EL grob gehackte Petersilie

1. Die Kartoffeln in reichlich Salzwasser in ca. 20 Minuten gar kochen. Hokkaido halbieren und vierteln. Die Kerne mit einem großen Löffel entfernen. Kürbis anschließend in ca. 1 ½ cm große Stücke würfeln. Karotten und Kartoffeln in ähnlich große Stücke schneiden. Zwiebeln schälen und ebenfalls grob würfeln. Öl in einem großen Topf (mindestens 2 l Fassungsvermögen) erhitzen, und das Gemüse 15 Minuten unter Wenden anbraten. Dann mit der Gemüsebrühe ablöschen, kurz aufkochen lassen, und das Gemüse in ca. 30 Minuten leicht simmernd garen, bis es weich ist.
2. In der Zwischenzeit das Goldene Sauerkraut fein würfeln und die saure Sahne mit der »Goldenen« Lake zu einer Sahnesauce vermischen. Wenn das Gemüse gar ist, den Topfinhalt mit einem Stabmixer oder in einem Standmixer pürieren. Die Konsistenz kann währenddessen durch die Zugabe von etwas kochendem Wasser beeinflusst werden, sodass kein Brei entsteht. Anschließend mit Salz und Pfeffer abschmecken.
3. Die heiße Suppe in tiefe Teller füllen. Mit Goldenem Sauerkraut, Sahnesauce, Petersilie und ein paar Spritzern Olivenöl anrichten.

TIPP

Dazu schmeckt frisch geröstetes Graubrot.

Borschtsch

In Osteuropa wird traditionell viel Gemüse fermentiert. Und Rote Bete ist im Speiseplan sehr oft zu finden. Die Suppe des Ostens ist Borschtsch. Sie besteht zu großen Teilen aus Roter Bete und Weißkohl. Lange bei niedriger Temperatur gekocht wird sie schließlich mit Schmand und frischen Kräutern serviert. Wir toppen das Ganze mit fermentierter Roter Bete.

FÜR 4 PERSONEN

Für den Borschtsch

2 EL Sonnenblumenöl
2 Zwiebeln, gehackt
2 Tomaten, gewürfelt
8 mittelgroße Rote Bete
4 Karotten
½ kleiner Weißkohl
1 Apfel
Salz
schwarzer Pfeffer
6 mehligkochende Kartoffeln, geschält und gewürfelt
4 Lorbeerblätter
2–3 Knoblauchzehen, in feinen Scheiben

Außerdem

4 EL Schmand
4 EL fermentierte Rote Bete (siehe S. 23)
1 großes Bund Dill

1. Das Öl in einem großen Topf erhitzen, Zwiebeln und Tomaten darin 3–4 Minuten anschwitzen, bis die Zwiebeln glasig sind. Rote Bete und Karotten schälen und ebenso wie Weißkohl und Apfel grob reiben oder klein schneiden. Alles zu der Zwiebel-Tomaten-Mischung in den Topf geben und bei mittlerer bis starker Hitze einige Minuten anschwitzen, anschließend mit Wasser bedecken. Leicht salzen und pfeffern. Kartoffeln nach ca. 10 Minuten zufügen und alles mindestens 40 Minuten köcheln lassen.
2. Lorbeerblätter und Knoblauch zufügen und 5 Minuten ziehen lassen. Kurz vor dem Servieren nochmals mit Salz und Pfeffer abschmecken. Den Borschtsch auf Schüsseln verteilen und jeweils mit 1 EL Schmand und 1 EL fermentierter Roter Bete sowie gehacktem Dill garnieren.

→ Der Borschtsch wird mit jedem Erhitzen und mit jedem Tag besser. Es lohnt sich also, eine größere Menge zuzubereiten.

TIPP

Wir reichen gerne jeweils eine Scheibe Roggensauerteigbrot zur Suppe, denn damit lässt sie sich wunderbar auftunken.

Linseneintopf mit Goldenem Sauerkraut

Linseneintöpfe leben vom Spiel aus der Süße von Linsen und Gemüse und einer Säure. Hier kommt die Säure vom Sauerkraut, welches zum Schluss zugegeben wird. Ein herrlich deftiges Gericht, das bei uns im Herbst und Winter regelmäßig zum Einsatz kommt.

FÜR 4–6 PERSONEN

3 EL Olivenöl
250 g Zwiebeln, grob gehackt
1 EL Tomatenmark
400 g Wirsing, in Streifen
2 Lorbeerblätter
1 EL geräuchertes Paprikapulver
250 g Tellerlinsen
125 ml Weißwein
200 g Karotten, in 1 cm großen Würfeln
250 g Kartoffeln, in 1 cm großen Würfeln
300 g Tomaten
250 g Goldenes Sauerkraut (siehe S. 16)
Salz
schwarzer Pfeffer
½ Bund Petersilie

1. Öl in einem Topf erhitzen, Zwiebeln darin anschwitzen, das Tomatenmark zugeben und kurz anrösten. Wirsing mit Lorbeer und geräuchertem Paprikapulver unter die Zwiebeln rühren. Tellerlinsen waschen und zugeben. Mit Weißwein ablöschen und 1 Minute lang reduzieren lassen. Mit Wasser soweit auffüllen, dass es 3 cm über dem Gemüse steht. Alles aufkochen und dann zugedeckt 30 Minuten köcheln lassen.
2. Karotten und Kartoffeln nach 15 Minuten zugeben. Die Tomaten vierteln und reichlich salzen, 15 Minuten in einem Sieb ziehen lassen und schließlich zum Eintopf geben. Weitere 15 Minuten zugedeckt köcheln lassen.
3. Den Topf vom Herd nehmen und 10 Minuten abkühlen lassen. Anschließend das Goldene Sauerkraut untermischen, gegebenenfalls mit Salz und Pfeffer abschmecken. Die Petersilie grob hacken, über den Eintopf streuen und servieren.

Sellerie-Creme-Suppe

Für diese Suppe wird der ganze Sellerie verwendet – auch das Grün, welches sonst meistens weggeworfen wird. Die Suppe zeigt in einer einzigen Mahlzeit, wie vielfältig Sellerie zubereitet werden kann. Und das, obwohl sie fast nur aus dieser einen Zutat besteht.

FÜR 4 PERSONEN

1 mittelgroßer Knollensellerie möglichst mit Grün (alternativ 1 Knollensellerie ohne Grün + 3–4 Stangen Staudensellerie)
Salz
schwarzer Pfeffer
4 EL Olivenöl + etwas mehr
3 EL Saure Sahne
200 g fermentierter Sellerie, gehackt + 3 EL Lake (siehe S. 27)
1 Chilischote, in sehr dünnen Ringen

1. Den Ofen auf 170 °C vorheizen. Vom Knollensellerie das Grün abschneiden und waschen. Die kleinen Blätter fein hacken und zur Seite legen. Die großen Blätter mit einem Messer grob zerkleinern, mit Salzwasser in einen großen Topf geben und zum Kochen bringen. Sobald das Wasser kocht, auf kleiner Flamme und bei geschlossenem Deckel so lange weiter köcheln lassen, bis der dabei entstehende Sud benötigt wird.
2. In der Zwischenzeit den Sellerie gründlich waschen und mit einem Küchenhandtuch abtrocknen. Den Wurzelansatz entfernen und wegwerfen. Die Knolle dünn schälen und die Schale zu den Blättern in den Topf geben. Den geschälten Sellerie mit 1 EL Öl einreiben und kräftig salzen. In eine feuerfeste Form oder auf ein Backblech geben und 1 ½ Stunden in den Ofen stellen.
3. Der Sellerie ist gar, wenn man ihn mit einem spitzen Messer leicht einstechen kann. Aus dem Ofen nehmen, grob zerkleinern und in einen großen Topf (ca. 3 l Fassungsvermögen) geben. Nun wird der Sud gebraucht: Durch ein Sieb in den Topf streichen, dann alles zusammen mit der sauren Sahne pürieren, sodass eine cremige Suppe entsteht. Zum Schluss mit Salz und Pfeffer abschmecken.
4. Für das Topping den fermentierten Sellerie, dessen Lake, das beiseitegelegte Selleriegrün und die Chilischote zusammen mit dem übrigen Olivenöl in eine Schüssel geben und verrühren. Falls eine Knolle ohne Grün verarbeitet wurde, den Stangensellerie fein hacken und anstelle des Grüns verwenden. Die Cremesuppe in tiefe Teller füllen. In die Mitte je 1 EL Topping geben und noch etwas Olivenöl darüber träufeln.

Kimchi Benedict

Eggs Benedict gibt's ja eigentlich nur noch in besseren Hotels zum Frühstück. Mit diesem kleinen Gericht geht man also auf die Reise – noch dazu, wenn wir statt des sonst üblichen Kochschinkens Kimchi verwenden. Über die Toasties im Gericht kann man sich streiten – aber wir wollten es einfach so halten. Sicher kann man auch halbierte Muffins nehmen ...

FÜR 4 PERSONEN

Für die Sauce Hollandaise

3 Eigelb
Saft von 1 Zitrone
180 g zerlassene Butter
1 Prise Salz
weißer Pfeffer

Außerdem

15 g Butter
2 Weizen-Toasties
4 Eier
200 g Kimchi + 2 TL Lake (siehe S. 23)
2 Stängel Schnittlauch, in feinen Röllchen

1. Für die Sauce Hollandaise etwas Wasser in einem Topf zum Kochen bringen. Die Eigelbe mit 4 EL Wasser und Zitronensaft in einer Metall- oder Glasschüssel über dem Wasserbad mit einem Schneebesen verrühren. Die Butter langsam, peu à peu, zugeben und durch ständiges Rühren verhindern, dass die Hollandaise fest wird. Wenn nötig, die Schüssel vom Wasserbad nehmen, um die Wärme etwas zu reduzieren. Am Ende mit Salz und Pfeffer würzen und zum Warmhalten am besten in eine Thermoskanne geben. (Achtung, wenn diese zuvor für Kaffee verwendet worden ist, kann das geschmacklich »abfärben«.)
2. Die Butter in einer Pfanne zerlassen, die Toasties horizontal halbieren, und die Schnittflächen bei mittlerer Hitze leicht in der Butter anrösten.
3. In einem großen Topf Wasser zum Kochen bringen, Kimchi-Lake zugeben, und mit dem Schneebesen einen Strudel im Topf erzeugen. Jedes Ei nacheinander in die Mitte des Strudels geben und 3–5 Minuten pochieren, dann mit einer Schaumkelle vorsichtig aus dem Wasser nehmen und auf einem Küchenhandtuch etwas abtropfen lassen.
4. Zum Schluss das Kimchi auf den Toasti-Hälften verteilen, je ein pochiertes Ei daraufgeben, mit Schnittlauch bestreuen und mit Sauce Hollandaise servieren.

Bratwurst mit Holunderkraut

Die Thüringer Bratwurst wird in ihrer Deftigkeit von der Frische des Holunderkrauts auf sehr angenehme Weise kontrastiert. Dazu noch ein etwas aufgepimpter Senf und gutes geröstetes Roggenbrot – so wird die Bratwurst zu einem kleinen Highlight in der Alltagsküche.

FÜR 4 PERSONEN

4 Thüringer Rostbratwürste
4 Scheiben Roggenbrot
200 g Holunderkraut + 2 EL Lake (siehe S. 16)
2 EL scharfer Senf

1. Traditionell werden Thüringer Rostbratwürste auf einem Holzkohlegrill geröstet. Die Holzkohle muss schon durchgebrannt sein und ein schönes Glutbett gebildet haben. Der Grillrost selbst darf nicht zu dicht über der Glut liegen – der Abstand sollte 10 cm betragen, sonst platzen die Würste. Die Würste regelmäßig mit einer Grillzange wenden, bis sie gleichmäßig gebräunt sind. Gleichzeitig das Roggenbrot auf dem Grill rösten und die Lake mit dem Senf verrühren.
2. Die Brotscheiben jeweils auf ein kleines Brettchen legen, die Würste und das Holunderkraut darauf verteilen, die Senfsauce darübergießen und servieren.

→ Wir favorisieren bei diesem Gericht die Grillvariante, aber selbstverständlich können die Bratwürste auch in der Pfanne gebraten und das Brot anderswie geröstet werden – schmeckt auch!

Reuben Sandwich

Was für eine Köstlichkeit! Der Aufwand ist im Vergleich zum Genuss relativ gering. Das Russische Dressing ist derart lecker – bitte gleich auf Vorrat produzieren. Es schmeckt nicht nur zum Reuben. Auch Blattsalate und Eierspeisen lassen sich damit veredeln. Letztlich taugt es einfach als edler Dip.

FÜR 2–4 PERSONEN

Für das Russische Dressing

250 g fermentierte Mayonnaise (siehe S. 36)
125 ml Saure Sahne
125 ml Tomatenketchup (siehe S. 29)
2 EL fein gehackte Zwiebeln (ca. 35 g)
½ TL Dijonsenf
Tabasco nach Belieben
1 TL Worcestershiresauce
2 EL Crème fraîche
2 EL gehackte Petersilie

Außerdem

400 g Holunderkraut (siehe S. 16)
4 Scheiben Roggenbrot (nicht zu dünn, ca. 1,5 cm dick)
ca. 4 EL Butter
240 g Pastrami, in feinen Scheiben
8 Scheiben Gruyère

1. Für das Dressing alle Zutaten in einer Schüssel miteinander verrühren und bis zur Verwendung kalt stellen. Das Holunderkraut in einem Sieb gut abtropfen lassen.
2. Die Roggenbrotscheiben beidseitig mit Butter bestreichen, zwei davon in einer Pfanne beidseitig anrösten und beiseitelegen, sie dienen später als »Sandwich-Deckel«. Die beiden übrigen Brotscheiben nur einseitig anrösten und mit der gerösteten Seite nach oben auf die Arbeitsfläche legen. Das Pastrami in der noch heißen Pfanne kurz erhitzen, herausnehmen und die angerösteten Seiten der Brotscheiben damit belegen.
3. Zuerst das Holunderkraut, dann das Dressing und zuletzt den Käse auf dem Pastrami verteilen. Nun die beiden belegten Brotscheiben 2 Minuten zurück in die heiße Pfanne geben und mit Deckel 3–5 Minuten erhitzen, bis der Käse geschmolzen und auch die Unterseite des Sandwiches gebräunt ist. Aus der Pfanne nehmen und mit den beiden übrigen Brotscheiben deckeln. Je nach Hunger das Sandwich schräg halbieren.

Fischbrötchen mit fermentierter Gurke

Für den kleinen Hunger zwischendurch ist so ein Fischbrötchen genau das Richtige. Eine gute Remoulade ist hier das A und O und die fermentierte Gurke die Besonderheit, die unser Fischbrötchen unvergleichbar macht.

FÜR 1 BRÖTCHEN

50 g fermentierte Mayonnaise (siehe S. 36)
25 g Saure Sahne
50 g fermentierte Gurke + 2 EL Lake (siehe S. 24)
1 Prise Salz
1 helles Brötchen
1 Handvoll Wildkräutersalat (alternativ Blattsalat)
4 Bismarckhering-Filets

1. Für die Remoulade Mayonnaise, saure Sahne, Lake und Salz vermengen.
2. Das Brötchen halbieren und die Remoulade auf den Schnittflächen verteilen. Mit Salat und Bismarckhering belegen. Zum Schluss die fermentierte Gurke würfeln und auf den Heringfilets verteilen.

Käse-Kimchi-Toast

Ein Snack für den Morgen danach. Ein Freund eines Freundes meines Sohnes, so sagt er, soll angeblich mit diesem Toast von seinem Kater geheilt worden sein. Das Schwierigste an diesem Rezept war der Weg zum Kühlschrank.

FÜR 1 SANDWICH

2 Scheiben Toast oder Sauerteigbrot
etwas Butter
40 g Kimchi (siehe S. 23)
1–2 Scheiben junger Gouda

Den Ofen auf 180 °C vorheizen. Toast- oder Brotscheiben beidseitig mit Butter bestreichen und in einer Grillpfanne anrösten. Anschließend Kimchi auf einer Scheibe verteilen, mit Käse belegen, die andere Scheibe darauflegen und im Ofen backen, bis der Käse geschmolzen ist.

Ceviche mit Curtido

Ceviche ist das peruanische Nationalgericht. Frischer Fisch wird zusammen mit Gewürzen und durch Zugabe von Säure »gegart«. Traditionell werden dafür meist Limetten- oder Zitronensaft verwendet; bei uns kommt stattdessen Curtido-Lake zum Einsatz. Natürlich funktioniert das Rezept auch mit anderer Fermentelake, alle enthalten genug Säure.

FÜR 4 PERSONEN

½ rote Zwiebel
100 ml Curtido-Lake (siehe S. 19)
Saft von ½ Zitrone
1 Stück frischer Ingwer (1 cm)
2 TL grüne oder rote Hotsauce (siehe S. 31, alternativ schwarzer Pfeffer)
½ TL Salz
250 g sehr frisches Filet von Seezunge, Heilbutt, Dorsch, Zander
1 TL Salz
2–3 Stängel Koriander

1. Zunächst wird eine sogenannte »Leche de Tigre« (Tigermilch) hergestellt, eine Marinade, in der der rohe Fisch gegart und aromatisiert wird. Dazu die rote Zwiebel in feine Halbmonde schneiden und mit Curtido-Lake und Zitronensaft in eine kleine Schüssel geben.

2. Den Ingwer schälen (das funktioniert am besten, indem man die Schale mithilfe eines kleinen Teelöffels abschabt), fein reiben und zusammen mit der Hotsauce und dem Salz zum Saft geben. Wer es weniger scharf mag, kann die Hotsauce weglassen und mit schwarzem Pfeffer würzen.

3. Nun das Fischfilet in 1–2 cm große Würfel schneiden. Anschließend in einer Schüssel sorgsam salzen und ca. 15 Minuten stehen lassen – das Salz entzieht dem Fisch Wasser – dann die Leche de Tigre zugeben. Sie »gart« den Fisch nun ohne Hitze.

4. Zum Servieren den Koriander fein hacken und darüberstreuen.

Rührei mit Goldenem Sauerkraut

In diesem Rezept dreht sich alles um das Ei – und das im wahrsten Sinne des Wortes. Mit einigen Umdrehungen, viel Geduld und Sauerkraut vergolden wir hier das Gelbe vom Ei. Schmeckt nicht nur zum Frühstück, sondern auch als Snack zwischendurch.

FÜR 2 PERSONEN

3 Eier
30 g Butter
½ EL Schmand
40 g Goldenes Sauerkraut, fein gehackt (siehe S. 16)
2 Scheiben Sauerteigbrot
1 Frühlingszwiebel, in Ringen

1. Die Eier in einen Topf aufschlagen und mit 20 g Butter bei niedriger Temperatur und unter ständigem Rühren erwärmen. Immer mal wieder den Topf von der Hitze nehmen und das Rühren nicht vergessen. Wenn das Ei cremig ist, Schmand und ca. zwei Drittel des Goldenen Sauerkrauts unterheben.
2. Das Sauerteigbrot toasten und mit der übrigen Butter bestreichen. Das Rührei daraufgeben und mit dem restlichen goldenen Kraut garnieren. Zum Schluss mit Frühlingszwiebeln bestreut servieren.

Bruschetta von Tomaten und fermentiertem Sellerie

Der fermentierte Sellerie gibt diesem beliebten Klassiker aus Italien durch das Aroma und die milde Säure noch etwas mehr geschmackliche Tiefe. Wir verwenden hier unseren Quitten-Sellerie mit Thymian, aber natürlich funktioniert das Rezept auch mit anders gewürzten Varianten von fermentiertem Sellerie.

FÜR 4 PERSONEN

4 große Tomaten (ca. 350 g)
60 g fermentierter Sellerie (siehe S. 27)
Salz
1 Knoblauchzehe, fein gehackt oder mit dem Messerrücken angedrückt
5 EL Olivenöl
2 Scheiben Ciabatta
schwarzer Pfeffer

1. Die Tomaten fein würfeln, 5 mm kleine Stücke sind prima. Sellerie sehr fein hacken. Alles mit Salz, Knoblauch und 3 EL Öl verrühren und ca. 2 Stunden im Kühlschrank ziehen lassen.
2. Ciabatta mit dem restlichen Olivenöl beträufeln und in einer Pfanne oder unter dem Backofengrill goldbraun rösten. Im Anschluss mit der Tomaten-Sellerie-Öl-Mischung belegen, mit Pfeffer würzen und servieren.

17
18

HAUPTSPEISEN

Gerade bei echten Sattmachern wie Pizza, Pasta oder Steak bietet sich die Veredelung mit Fermenten an. Denn nichts harmoniert so gut mit der feinen Säure von fermentiertem Gemüse wie Öl, Butter und Fett aus Käse oder Fleisch. Und wenn die Vermutungen stimmen, helfen Kimchi und Co. dem Körper dabei, das Ganze zu verdauen. In jedem Fall wünschen wir Guten Appetit!

Goldenes Blumenkohl-Curry

Dieses Curry ist in vielen veganen Küchen mittlerweile ein alter Bekannter. Natürlich sind alte Bekanntschaften etwas sehr Wertvolles, aber es schadet nicht, sie ab und an ein wenig aufzufrischen. Zum Beispiel mit etwas Goldenem – oder mit Goldenem Sauerkraut, um genau zu sein.

FÜR 4 PERSONEN

Für die Currypaste

3 Knoblauchzehen
20 g Ingwer
10 g Koriander
2 Chilischoten
1 Prise Kurkuma
½ EL edelsüßes Paprikapulver
½ TL gemahlener Kreuzkümmel
½ TL Zimt
1 TL Currypulver
1 EL Sonnenblumenöl
2 Kardamomkapseln

Für das Blumenkohl-Curry

½ Blumenkohl
1 EL Sonnenblumenöl
1 rote Zwiebel
200 g Berglinsen
400 ml Kokosmilch
200 ml Gemüsebrühe
Salz
schwarzer Pfeffer
200 g Goldenes Sauerkraut (siehe S. 16)

Außerdem

200 g Basmati-Reis
1 Stängel Minze

1. Den Reis nach Packungsbeilage kochen. In der Zwischenzeit die Currypaste zubereiten. Knoblauch und Ingwer schälen und grob hacken. Korianderstängel und Chilis ebenfalls grob hacken. Alles zusammen mit den übrigen Zutaten in einen großen Mörser geben und mit dem Stößel fein zerstoßen. Alternativ in einer Küchenmaschine pürieren.

2. Für das Curry den Blumenkohl in Röschen teilen, Öl in einer Pfanne erhitzen und die Röschen bei mittlerer Hitze ca. 5 Minuten anbraten. Currypaste zugeben und 2 Minuten anschwitzen. Die Berglinsen untermischen, mit Kokosmilch und Gemüsebrühe ablöschen und ca. 10 Minuten köcheln lassen. Mit Salz und Pfeffer abschmecken und mit Goldenem Sauerkraut und den abgezupften Minzblättchen garnieren.

Shakshuka mit Curtido

Dieses Gericht sollte ein Friedensstifter sein! Es wird in der ganzen Levante geliebt. Egal, ob die Menschen Hebräisch sprechen oder Arabisch, überall heißt dieses Gericht aus pochierten Eiern und Gemüse gleich: Shakshuka. Wir geben Curtido dazu oder Kimchi – und schon ist fast die ganze Welt vereint.

FÜR 2–4 PERSONEN

2 EL Olivenöl
2 rote Paprika, in groben Streifen
2 Zwiebeln, in dünnen Ringen
2 TL Tomatenmark
2–3 Chilischoten, in dünnen Ringen
1 TL gemahlener Kreuzkümmel
Salz
3–4 Knoblauchzehen
800 g geschälte Tomaten (Dose)
4 Eier
200 g Curtido *(siehe S. 19)*

1. Das Olivenöl bei mittlerer Temperatur in einer großen Pfanne erhitzen. Paprika und Zwiebeln darin 2–3 Minuten anbraten. Tomatenmark, Chilis, Kreuzkümmel und 1 gute Prise Salz zugeben. Alles umrühren und 8 Minuten schmoren lassen.
2. In der Zwischenzeit den Knoblauch schälen, klein würfeln und mit den Tomaten in die Pfanne geben. Die Tomaten grob zerstückeln und dann mit dem Pfannenwender oder einem Kartoffelstampfer zerdrücken. Alles weitere 10 Minuten bei schwacher Hitze köcheln lassen, sodass sich die Flüssigkeit reduziert. Sobald die Mischung dickflüssig geworden ist, vier kleine Vertiefungen hineindrücken und jeweils 1 Ei vorsichtig hineingeben. (Kleiner Trick: Die Eier jeweils erst in eine Tasse aufschlagen. So kann man sie langsam in die Kuhlen gleiten lassen.)
3. Das Shakshuka weitere 8–10 Minuten köcheln lassen. Das Eiweiß soll stocken und das Eigelb flüssig bleiben. Wer nicht warten mag, kann gerne einen Deckel auf die Pfanne legen, dann geht es schneller. Zum Schluss Curtido um die Eier verteilen und vor dem Servieren kurz ziehen lassen.

Schnelles Sushi

Sushi ist weit mehr als roher Fisch mit Algen und Reis. Natürlich kann man fermentiertes Gemüse einsetzen – es lässt sich hervorragend mit Reis kombinieren. Manchmal sieht das Gemüse durch das Fermentieren sogar aus wie Fisch – und ist dabei so viel mehr als ein verschämter Ersatz! Der Rezeptname bezieht sich wieder mal auf unsere eigene Interpretation eines Klassikers und nicht auf die Geschwindigkeit der Zubereitung.

FÜR 2 PERSONEN

Für den Sushi-Reis

250 g Sushi-Reis
3 EL Reisessig
2 EL Zucker
1 TL Salz

Für 3 Nigiri

20 g fermentierte Karotten (siehe S. 27)
20 g fermentierte Ringelbete
20 g fermentierte Rote Bete (siehe S. 23)
100 g gekochter Sushi-Reis (siehe oben)
Wasabipaste nach Belieben (optional)

Für 4 Gurken-Maki

1 Noriblatt (Asia-Markt)
100 g gekochter Sushi-Reis (siehe oben)
½ Salatgurke, längs in Streifen
100 g Doppelrahm-frischkäse
100 g fermentierte Gurke, gewürfelt (siehe S. 24)

1. Der Reis bildet die Grundlage für alle Sushi-Varianten und wird zuerst zubereitet. Reis in einen Topf geben, mit Wasser bedecken und umrühren. Das Wasser abgießen und diesen Vorgang so oft wiederholen, bis das Wasser klar ist. Dann den Reis mit der doppelten Menge Wasser aufkochen. Anschließend bei schwacher Hitze und mit geschlossenem Deckel weitere 10 Minuten köcheln lassen, dann den Herd ausschalten. Den Topf mit einem Küchenhandtuch einwickeln, um ihn warmzuhalten, und weitere 20 Minuten ziehen lassen.
2. Während der Reis zu Ende gart, den Reisessig in eine kleine Schüssel geben und Zucker und Salz darin auflösen. Den Reis in eine flache Schüssel geben. Den Reisessig vorsichtig mit einem Teigspatel unterheben, ohne die Reiskörner dabei zu zerquetschen. Furchen in den Reis ziehen, damit er schneller auskühlt und mit einem feuchten Tuch abgedeckt weitere 20 Minuten abkühlen lassen.
3. Für die Nigiri das fermentierte Gemüse aus der Lake nehmen und in dünne Scheiben schneiden. Die Hände anfeuchten und einen Reisball formen. Das fermentierte Gemüse auf den gekochten Sushi Reis geben (darunter nach Geschmack ein bisschen Wasabi verstecken).
4. Für die Maki 1 Noriblatt auf die Bambusmatte legen und dünn mit dem gekochten Sushi-Reis bedecken. Dabei eine Daumenlänge am oberen Rand freilassen. Für die Gurken-Maki Gurkenstreifen auf das untere lange Ende legen. Den Frischkäse mit einem Löffel oder idealerweise mit einem Spritzbeutel neben die Gurke geben. Von der Längsseite her aufrollen und mit den Händen vorsichtig fest drücken. Mit einem scharfen Messer mit angefeuchteter Klinge in vier Stücke schneiden. Aufstellen und die Gurken-Maki mit fermentierter Gurke garnieren.

→ *Fortsetzung auf der nächsten Seite*

Für 4 Karotten-Maki mit Rote-Bete-Mayonnaise

100 g fermentierte Karotten (siehe S. 27)
1 Noriblatt (Asia-Markt)
100 g gekochter Sushi-Reis (siehe oben)
50 g fermentierte Mayonnaise (siehe S. 36)

Für 4 Inside-Out-Rolls

1 TL Hotsauce (siehe S. 31)
1 EL neutrales Öl
300 g Wassermelone
100 g Doppelrahmfrischkäse
200 g gekochter Sushi-Reis (siehe oben)
1 kleiner Bund Roter Shiso (Asia-Markt, alternativ Minze, Basilikum)

Für den »Wasabi«

35 g Meerrettich
10 g Schmand
5 große grüne Shiso-Blätter
15 ml Lake von fermentierter Gurke (siehe S. 24)
Salz

Außerdem

Sojasauce zum Servieren

5. Für die Karotten-Maki die fermentierten Karottenscheiben dünn aufrollen und so auf das mit Sushi-Reis belegte Noriblatt geben. Von der Längsseite her aufrollen und mit den Händen vorsichtig fest drücken. Mit einem scharfen Messer mit angefeuchteter Klinge in vier Stücke schneiden. Die Maki aufstellen und mit einem Spritzbeutel die Mayonnaise in die aufgerollten Karottenscheiben geben.

6. Für die Inside-Out-Rolls die fermentierte Hotsauce mit dem Öl in einer mittelgroßen Schüssel vermischen. Wassermelone in lange Streifen schneiden und in die Marinade aus Hotsauce und Öl legen, mindestens 15 Minuten und bis zu 1 Tag ziehen lassen. Die Bambusmatte mit Frischhaltefolie (die wir sonst eher zu vermeiden versuchen) belegen, damit der Reis nicht an der Matte kleben bleibt. Den Reis auf der Folie zu einem Noriblatt-großen Rechteck verteilen, das Noriblatt darauflegen, die Wassermelone quer auf das lange untere Ende geben. Den Frischkäse am besten mit einem Spritzbeutel daneben setzen. Von der Längsseite aufrollen und mit den Fingern vorsichtig festdrücken, damit die Rolle hält und eng gerollt ist. Die fertige Rolle in fein geschnittenen Shiso-Blättern wenden. Die Sushi-Rolle mit einem scharfen Messer mit angefeuchteter Klinge in vier Stücke schneiden und aufgestellt servieren.

7. Für den »Wasabi« den Meerrettich schälen und reiben (am besten mit Taucherbrille, außer es braucht eine kleine Durchlüftung der Atemwege). In einem Standmixer oder in einem hohen, schmalen Gefäß alle Zutaten mit dem Stabmixer pürieren, mit Salz abschmecken.

8. Sushi mit »Wasabi«, Sojasauce und fermentiertem Ingwer (siehe unten) servieren.

→ **Fermentierter Ingwer selbst gemacht:** 300 g ungeschälten Ingwer mit der Faser sehr fein auf einem Gemüsehobel oder mit einem Sparschäler schneiden. Dann mit 6 g Salz (2 % des Ingwergewichts) vermischen und zum Fermentieren in ein Drahtbügelglas geben. Der Ingwer sollte dicht gepresst und ohne Luftbläschen ins Glas gefüllt werden. Nach einigen Stunden sollte sich genügend Lake gebildet haben, ansonsten mit 2%-iger Salzlake auffüllen, damit der gesamte Ingwer von Flüssigkeit bedeckt ist. Mindestens 2 Wochen bei Raumtemperatur fermentieren lassen. Es lohnt sich, direkt die dreifache Menge (= 1 l Glas) anzusetzen. Der Ingwer kann nach abgeschlossener Fermentation (ca. 6 Wochen) in kleinere Gläser umgefüllt werden und in einem kühlen Keller oder im Kühlschrank für mehrere Monate gelagert werden. Bei Bedarf mit Salzlake auffüllen, damit er immer von Flüssigkeit bedeckt ist!

Geschmolzene Tomaten mit Selleriepüree

Tomaten und Knollensellerie sind bekannt für ihren natürlichen Gehalt an Glutamat. Das wiederum ist der Grundstoff, der dieses so schwer zu spezifizierende Geschmackserlebnis »umami« auslöst, welches ebenso klar wie unkonkret als »Wohlgeschmack« beschrieben wird. Und die Milchsäurefermentation verstärkt diesen Effekt unseres Erachtens noch. Wenn man dann noch Feta, Thymian und Gemüsebrühe zufügt, ist ein Suchtfaktor leider nicht auszuschließen. Zum Glück ohne Spätfolgen.

FÜR 4 PERSONEN

Für die Thymian-Sellerie-Schaumsauce

2 Schalotten, fein gehackt
100 ml Weißwein
200 ml Lake von fermentiertem Sellerie (siehe S. 27)
400 ml Gemüsebrühe
2 Zweige Thymian
2 TL Honig
40 g Feta

Für die geschmolzenen Tomaten

12 Tomaten
60 ml Gemüsebrühe
125 ml Olivenöl
2 Zweige Thymian + etwas mehr
1 Knoblauchzehe
60 ml Lake von fermentiertem Sellerie (siehe S. 27)

1. Für die Schaumsauce Schalotten mit Weißwein und Lake in einen kleinen Topf geben und aufkochen. Gemüsebrühe zugießen und auf die Hälfte reduzieren lassen. Zum Schluss Thymian und Honig zugeben und kurz mitkochen. Vor dem Servieren Feta zerbröseln, zugeben und mit einem Stabmixer schaumig pürieren.

2. Für die geschmolzenen Tomaten den Strunk der Tomaten herausschneiden und die Tomaten häuten: Dazu auf der Unterseite kreuzweise einritzen, Wasser in einem Topf zum Kochen bringen, die Tomaten ca. 30 Sekunden hineingeben, mit einer Schaumkelle herausnehmen und in eine Schüssel mit kaltem Wasser geben. Nun lässt sich die Haut problemlos abziehen. Die gehäuteten Tomaten halbieren, die Kerne entfernen und in ein Sieb geben, um den Tomatensaft aufzufangen. Den aufgefangenen Saft mit Gemüsebrühe und Olivenöl mischen, in eine Pfanne geben und auf mittlerer Stufe erhitzen. Thymianblättchen und geschälten Knoblauch in den Sud geben und kurz aufkochen lassen. Nun die Tomaten zugeben und ständig schwenken. Dabei den Sud 1–2 Minuten mithilfe eines Esslöffels immer wieder über die Tomaten geben. Zum Schluss die Pfanne vom Herd nehmen und mit Lake ablöschen.

→ *Fortsetzung auf der nächsten Seite*

Für das Selleriepüree

2 EL Butter
2 Zwiebeln, fein gehackt
600 g Sellerie, geschält und gewürfelt
400 g Kartoffeln, geschält und gewürfelt
250 ml Gemüsebrühe
200 ml Sahne
200 g fermentierter Sellerie + 1 Schuss Lake (siehe S. 27)

3. Für das Püree die Butter in einem Topf zerlassen und die Zwiebeln darin 3–4 Minuten andünsten. Sellerie und Kartoffeln zugeben, anschließend Brühe und Sahne zugießen und alles 15–20 Minuten sanft köcheln lassen. Wenn das Gemüse gar ist und man mit einer Gabel leicht hineinstechen kann, vom Herd nehmen und etwas abkühlen lassen. Dann den fermentierten Sellerie zugeben und alles mit einem Stabmixer fein pürieren. Nach Belieben noch einen Schuss Sellerie-Lake zugeben.

4. Zum Servieren das Selleriepüree jeweils in die Mitte des Tellers geben und mit etwas fermentiertem Sellerie garnieren. Die geschmolzenen Tomaten um das Püree anrichten und mit dem Sud übergießen. Zum Schluss die Tomaten mit der Thymian-Sellerie-Schaumsauce beträufeln und mit ein paar Thymianblättchen bestreuen.

Hummus Sabich mit fermentierter Karotte

FÜR 4 PERSONEN

Für die Bratkartoffeln

1 EL Öl
500 g festkochende Kartoffeln, ungeschält in 1,5 cm großen Würfeln
Salz

Für das falsche Letscho

2 rote Paprika, in 5–8 mm dicken Streifen
1 kleine Zwiebel, in Ringen
ca. ½ TL gemahlener Kreuzkümmel
50 ml Lake von fermentierten Karotten (siehe S. 27)

Außerdem

600 g Hummus (siehe S. 46; Basisrezept oder Variante mit fermentierter Karotte)
4 Eier, wachsweich gekocht, gepellt und halbiert
250 g fermentierte Karotten (siehe S. 27)
Olivenöl zum Beträufeln
Hotsauce nach Belieben
2 TL Sumach
1 Bund Petersilie, fein gehackt
100 g Feta (optional)

Zugegeben, hier wird ein Klassiker des israelischen Frühstücks sehr frei interpretiert. Auf das typische Pita-Brot verzichten wir, dafür kommen Bratkartoffeln zum Einsatz. Und statt der Amba-Sauce, die vorwiegend aus Mango besteht, verwenden wir eine Art Letscho. Warum? Weil Mangos eingeflogen werden müssen, und es auch ohne exotisches Obst fantastisch schmeckt!

1. Eine beschichtete Pfanne mit Öl bestreichen und gut erhitzen. Die Kartoffeln in der Pfanne 3–5 Minuten braten, erst dann wenden. Schließlich von allen Seiten knusprig und goldbraun braten, das dauert ca. 15 Minuten. Erst dann salzen und beiseitestellen.
2. Währenddessen das Letscho vorbereiten. Die Paprika in eine andere relativ stark erhitzte, beschichtete Pfanne ohne Öl geben. Wenn die Paprika genügend Flüssigkeit abgegeben hat und schon etwas rotbräunlich ist, die Zwiebeln zugeben. Alles mit Kreuzkümmel würzen und 5–7 Minuten schmoren lassen. Schließlich mit der Lake ablöschen und beiseitestellen.
3. Auf vier Tellern den Hummus kreisförmig verteilen. Am besten geht das mit dem Rücken eines großen Löffels. Die Eier mit den Bratkartoffeln, dem falschen Letscho und den fermentierten Karotten auf dem Hummus anrichten. Mit Olivenöl beträufeln und nach Belieben Hotsauce zugeben. Mit Sumach und Petersilie bestreut servieren. Wer mag, kann auch noch Fetakäse darüberbröseln.

Bratkartoffeln mit Kimchi und Senfsauce

Die beiden Bratkartoffel-Gerichte (siehe auch S. 119) zeigen, wie hervorragend Röstaromen und Fette zu fermentiertem Gemüse passen. Die Bratkartoffeln schmecken intensiver und die Säure des fermentierten Gemüses wird gemildert. Eine echte Win-win-Situation also.

FÜR 4 PERSONEN

Für die Kimchi-Senfsauce

50 g Butter
1 Schalotte, fein gehackt
60 ml Weißwein
60 ml Kimchi-Lake (siehe S. 23)
50 ml Sahne
1 Eigelb
1–2 TL scharfer Senf
1–2 TL grober Senf

Für die Ofenkartoffeln

1 kg kleine festkochende Kartoffeln
1 Zwiebel, grob gehackt
3 EL Olivenöl
1 Knoblauchzehe, fein gehackt (optional)
3 EL Sojasauce
150 g Kimchi + 2 EL Lake (siehe S. 23)

Außerdem

2–3 Frühlingszwiebeln, in Ringen

1. Für die Kimchi-Senfsauce die Butter in einem Topf erwärmen, zerlassen und beiseitestellen. Die Schalotte fein würfeln, mit Weißwein und Lake in einem zweiten Topf aufkochen und bis zur Hälfte einreduzieren, dann durch ein Sieb passieren. Danach Sahne, Eigelb und beide Senfsorten mit der Wein-Lake-Reduktion in einer Metallschüssel über einem Topf mit siedendem Wasser cremig schlagen. Währenddessen die flüssige Butter langsam unterrühren, bis eine cremige Sauce entstanden ist.
2. Den Ofen auf 200 °C vorheizen. Die Kartoffeln halbieren oder vierteln – alle Stücke sollten etwa gleich groß sein. Kartoffeln und Zwiebeln in einer Schüssel mit dem Olivenöl vermischen, optional mit Knoblauch würzen. Alles auf einem mit Backpapier ausgelegten Backblech verteilen, bestenfalls mit den Schnittflächen der Kartoffeln nach oben, und 45 Minuten goldbraun backen. Ab und zu die Ofentür kurz öffnen, damit der Dampf entweichen kann und die Kartoffeln schön knusprig werden.
3. Kurz vor Ende der Garzeit eine große Pfanne oder einen Wok erhitzen, Kartoffeln aus dem Ofen nehmen und darin kurz anbraten, dann mit Sojasauce ablöschen. Alles gut durchschwenken und die Pfanne von der Hitze nehmen. Im Anschluss das Kimchi zugegeben und alles nochmals gut vermengen. Zum Schluss auf vier Tellern verteilen, mit der Kimchi-Senfsauce übergießen und mit den klein geschnittenen Frühlingszwiebeln garnieren.

Falafel mit Karottensalat

FÜR 4 PERSONEN

Für die Falafeln

100 g getrocknete Kichererbsen
½ kleine Zwiebel, fein gehackt
2 Knoblauchzehen, fein gehackt
40 g fermentierte Karotten, fein gehackt *(siehe S. 27)*
2 TL Tahini
¼ TL gemahlener Kreuzkümmel
¼ TL gemahlener Koriander
2 TL Mehl
¼ TL Backpulver
2 TL gehackte Petersilie
2 TL gehackter Koriander
2 EL Sesamsamen
750 ml Sonnenblumenöl

Für den Karottensalat

150 g Karotten
50 g fermentierte Karotten + 50 ml Lake *(siehe S. 27)*
Salz
2 EL Olivenöl
schwarzer Pfeffer

Außerdem

200 g Hummus *(siehe S. 46)*

Hülsenfrüchte und fermentiertes Gemüse sind eine ideale Kombination. Ähnlich wie beim Hummus harmonieren die in den Falafeln verwendeten Kichererbsen mit ihrer Cremigkeit bestens mit der Säure und den Aromen der eingesetzten Fermente. Gleichzeitig bilden die Frittier-Aromen und das Öl einen schönen Kontrapunkt zur Fermentesäure.

1. Die getrockneten Kichererbsen am Vortag in doppelter Menge Wasser einweichen. Am nächsten Tag die abgegossenen (und ungekochten) Kichererbsen in einem Standmixer mit Zwiebel, Knoblauch, fermentierter Karotte, Tahini, Kreuzkümmel und Koriander grob pürieren. Anschließend Mehl, Backpulver, Petersilie und Koriander untermischen. Den Falafelteig 1 Stunde bei Raumtemperatur ruhen lassen.
2. Für den Salat die Karotten der Länge nach in dünne Streifen hobeln und mit der Lake der fermentierten Karotten marinieren, zusätzlich etwas salzen. Mindestens 15 Minuten ziehen lassen, anschließend mit den fermentierten Karotten und Öl mischen und mit Pfeffer würzen. Für die Falafeln die Kichererbsen-Mischung zu Kugeln (ø 2,5 cm) formen und in Sesam wenden. Sonnenblumenöl in einem hohen Topf erhitzen und die Falafeln darin portionsweise 4 Minuten frittieren.
3. Zum Servieren das Hummus auf den Tellern verstreichen, die Falafeln daraufgeben und daneben den Karottensalat anrichten.

Kumpir mit fermentiertem Gemüse

Kumpir? So heißen türkische Backkartoffeln. Sie werden aus großen, mehligkochenden Exemplaren zubereitet und mit allerlei bunten Zutaten gefüllt, die glücklich und satt machen. Wir stellen hier unsere drei Lieblingsfüllungen vor, allesamt sehr lecker.

FÜR 6 PERSONEN

Für den Couscous

50 g Couscous
1 Prise Salz
¼ TL gemahlener Kreuzkümmel
½ TL edelsüßes Paprikapulver
½ TL geräuchertes Chilipulver (Chipotle)
½ TL Tomatenmark
2 TL Hotsauce (siehe S. 31)
½ EL Zitronensaft
1 EL Olivenöl
½ rote Zwiebel
½ Gurke, gewürfelt
1 Tomate, gewürfelt
2 EL fein gehackte Petersilie
1 EL fein gehackter Koriander (optional)

1. Als erstes geht's an den Couscous: Couscous in eine hitzebeständige Schüssel geben, Salz, Kreuzkümmel, Paprika und Chili untermischen und alles mit so viel kochendem Wasser übergießen, dass der Couscous bedeckt ist. Einen Teller oder Deckel auf die Schüssel legen und beiseitestellen. Nach 10–15 Minuten Quellzeit Tomatenmark, Hotsauce, Zitronensaft und Olivenöl untermengen. Dann Zwiebeln, Gurke und Tomate sowie die gehackten Kräuter unterheben. Gegebenenfalls nochmals mit Zitronensaft und Olivenöl abschmecken.

2. Als nächstes werden die Kartoffeln vorgekocht: In einen großen Topf geben, mit kaltem Wasser bedecken, gut salzen, aufkochen und 20 Minuten köcheln lassen. Währenddessen den Ofen auf 200 °C vorheizen. Kartoffeln abgießen und auf das Metallgitter im Ofen geben. Hier werden sie knusprig gebacken – je nachdem wie groß sie sind, kann das 30–60 Minuten dauern. Wenn die Haut sich leicht ablöst, sollten sie fertig sein. Um sicher zu gehen, mit einer Gabel einstechen und prüfen, ob sie weich sind. Währenddessen den Feta in eine Schüssel zerbröseln und den Quark mit Salz glatt rühren. Die Pfifferlinge halbieren und kurz in einer heißen Pfanne in Olivenöl anrösten.

→ *Fortsetzung auf der nächsten Seite*

Für die Kartoffeln und Füllungen

6 große mehligkochende Kartoffeln
40 g Feta
120 g Magerquark
Salz
70 g Pfifferlinge
1 EL Olivenöl
120 g zimmerwarme Butter
150 g Gouda, frisch gerieben
40 g Oliven, in Scheiben
60 g fermentierte Rote Bete (siehe S. 23)
60 g fermentierter Sellerie (siehe S. 27)
½ Paprika, in Scheiben
60 g Goldenes Sauerkraut (siehe S. 16)
1 Bund Petersilie, fein gehackt
1 Handvoll Granatapfelkerne

3. Wenn die Kartoffeln fertig sind, erst etwas abkühlen lassen, dann mit einem Messer längs aufschneiden. Das Kartoffelinnere mit einer Gabel vorsichtig auflockern. Butter und Gouda hineingeben und mit dem Fruchtfleisch vermischen. Nun werden die Kartoffeln nach Belieben gefüllt – wir haben es so gemacht:

Füllung 1: Couscous, Feta, Oliven, fermentierte Rote Bete

Füllung 2: Couscous, Quark, fermentierter Sellerie, geröstete Pfifferlinge

Füllung 3: Couscous, Quark, Paprika, Goldenes Sauerkraut

4. Zum Schluss die gefüllten Kartoffeln mit Petersilie und Granatapfelkernen bestreuen und servieren.

Pommes Schranke aus fermentierten Kartoffeln

Etwas verrückt ist dieses Rezept schon. Die Fritten sind alles andere als probiotisch. Aber die Säure und die Salzigkeit, die sie vom Fermentieren mitbekommen haben, sind genau der Pfiff, der sie von normalen Pommes unterscheidet. Dazu noch probiotische Mayonnaise (siehe S. 36) und Ketchup aus fermentierten Tomaten (siehe S. 28) – einfach zum Verrücktwerden … verrückt nach Pommes Schranke …

FÜR 4 PERSONEN

Für die fermentierten Kartoffeln

800 g Kartoffeln
30 g Salz

Für die Pommes

800 g fermentierte Kartoffeln
1 l Sonnenblumenöl
Salz

Außerdem

Fermentierte Mayonnaise nach Belieben (siehe S. 36)
Tomatenketchup nach Belieben (siehe S. 28)

1. Die Kartoffeln schälen, in Stifte schneiden und in eine Schüssel geben. 20 g Salz zufügen und mit den Händen unter die Kartoffeln mischen, 30 Minuten ziehen lassen, dadurch werden die Kartoffeln flexibel und lassen sich im Anschluss besser ins Drahtbügelglas füllen. Am besten so dicht einfüllen, dass die künftigen Pommes nicht aufschwemmen können und kein Fermentationsgewicht benötigt wird. Zum Schluss aus 500 ml lauwarmem Wasser und 10 g Salz eine Lake anrühren. Über die Kartoffeln gießen, bis alles gut bedeckt ist und bei Zimmertemperatur (20–23 °C) ca. 4 Wochen stehen lassen, ohne das Glas zu öffnen (!).
2. Vor dem Frittieren die Kartoffeln aus dem Glas nehmen und in einem Sieb gut abtropfen lassen. Auf einem Küchenhandtuch ausbreiten und leicht antrocknen lassen (3–12 Stunden). An einem sonnigen Ort trocknen die Kartoffeln schneller. Anschließend das Öl in einem Topf gut erhitzen. Wenn Sie den Stiel eines Holzkochlöffels ins Öl halten und sich Bläschen bilden, ist das Öl heiß genug. Die Kartoffelstäbchen ca. 15 Minuten im heißen Öl frittieren – sie sollten schön knusprig werden. Aus dem Öl nehmen und in einem Sieb abtropfen lassen. Gegebenenfalls salzen und sofort mit Mayonnaise und Ketchup servieren.

→ Das Gericht braucht mindestens 4 Wochen Vorbereitungszeit! Denn erst müssen die Kartoffeln fermentiert werden. Und die Mayonnaise. Und der Ketchup.

Conchiglie mit Joghurt und scharfem Rote-Bete-Dressing

Vor einem Marathon oder schwerer Gartenarbeit will man nicht viel kochen. Nährstoffe braucht der Körper aber in jedem Fall. Und am besten nicht nur in Form von Kohlenhydraten. Hier kann dieser Salat helfen, der sich im Übrigen auch zur Resteverwertung von zu viel gekochten Nudeln eignet. Er ist nicht nur schnell zubereitet, sondern enthält dank der fermentierten Roten Bete auch viele wichtige Elektrolyte.

FÜR 2 PERSONEN

Für die Joghurtsauce

2 Knoblauchzehen
250 g griechischer Joghurt (10 % Fett)
75 ml Olivenöl
20 ml Wasser
Salz

Für das Rote-Bete-Dressing

30 g fermentierte Rote Bete + 2 EL Lake (siehe S. 23)
½–1 Chilischote
2 EL Olivenöl

Außerdem

10 g Pinienkerne
250 g Conchiglie
Zitronenabrieb nach Belieben
Granatapfelkerne nach Belieben
Sumach (optional)

1. Zunächst wird die Sauce zubereitet, damit sie während der nächsten Schritte gut durchziehen kann. Die Knoblauchzehen sehr fein schneiden und anschließend mit einer Gabel zerdrücken, damit die ätherischen Öle aktiviert werden. Mit Joghurt, Olivenöl und Wasser mischen und gut salzen.
2. Für das Dressing die fermentierte Rote Bete und die Chilischote sehr fein schneiden und mit Lake und Olivenöl vermengen.
3. Die Pinienkerne in einer Pfanne ohne Fett oder im Ofen bei 160 °C goldgelb rösten. Die Conchiglie in reichlich Salzwasser al dente kochen. In einem Sieb abtropfen und etwas abkühlen lassen. In einer Schüssel mit der Joghurtsauce vermengen, mit dem Dressing beträufeln und zum Schluss mit Pinienkernen, Granatapfelkernen, Zitronenabrieb und Sumach bestreuen und servieren.

Lauwarmer Bratkartoffelsalat mit Holunderkraut

Ob man nun einfach Kartoffeln vom Vortag übrig hat oder richtige Bratkartoffeln: Dieser Salat macht das Beste daraus. Das hier speziell verwendete Holunderkraut bringt mit seinem besonderen Aroma ein wenig Eleganz.

FÜR 2 PERSONEN

440 g festkochende Kartoffeln
3 EL Sonnenblumenöl oder Butterschmalz
100 g Kirschtomaten
20 g getrocknete Tomaten
100 g Holunderkraut + 6 EL Lake (siehe S. 16)
6 EL Sonnenblumenöl (kalt gepresst)
Salz
schwarzer Pfeffer
2 EL grob gehackte Petersilie

1. Die Kartoffeln ca. 20 Minuten in einem großen Topf garen. In Scheiben schneiden und in einer Pfanne in Sonnenblumenöl goldbraun braten. Falls Bratkartoffeln vom Vortag verwendet werden, diese in einer großen Pfanne in ganz wenig Öl erwärmen. Die Kirschtomaten vierteln.
2. Für das Dressing die getrockneten Tomaten 2 Minuten in 50 ml Wasser kochen, damit sie weich werden. In einem hohen Gefäß zusammen mit dem Kochwasser, der Lake, Sonnenblumenöl, Salz und Pfeffer pürieren.
3. Die Tomatenviertel zu den Kartoffelscheiben geben und 1 Minute mitbraten. Bratkartoffeln, Tomaten, Holunderkraut und Petersilie in eine große Schüssel füllen. Das Dressing darübergeben und alles gut vermengen. Den Kartoffelsalat auf zwei Tellern anrichten.

Aubergine mit goldenem Couscous

FÜR 2–4 PERSONEN

2 Auberginen
120 g griechischer Joghurt (10 % Fett)
1 Prise Sumach

Für die Chermoula

2 Knoblauchzehen
2 EL Goldenes Sauerkraut (siehe S. 16)
2 TL gemahlener Koriander
2 TL gemahlener Kreuzkümmel
1 TL edelsüßes Paprikapulver
1 TL Chiliflocken
1 Prise Salz
140 ml Olivenöl

Für das Couscous

50 g Couscous
1 Prise Salz
1 ½ EL Zitronensaft
25 g Rosinen
½ Bund Petersilie
½ Bund Minze
½ Bund Koriander
1 Frühlingszwiebel
2 EL Goldenes Sauerkraut (siehe S. 16)
8 grüne Oliven
1 EL Mandelblättchen

Inspiriert von Ottolenghi haben wir diesem Gericht die Krone aufgesetzt – in Form von Goldenem Sauerkraut. Die würzigen Chermoula-Auberginen werden mit Couscous und reichlich frischen Kräutern abgerundet.

1. Den Ofen auf 200 °C vorheizen. Währenddessen die Chermoula zubereiten. Hierfür den Knoblauch und das Goldene Sauerkraut sehr fein hacken. Mit Koriander, Kreuzkümmel, Paprikapulver, Chiliflocken, Salz und 100 ml Olivenöl in einer Schüssel vermengen.
2. Die Auberginen längs halbieren, das Fruchtfleisch in Rauten einschneiden, nicht bis zur Haut durchschneiden! Die Schnittflächen mit der Chermoula bestreichen und die Auberginen mit den Schnittflächen nach oben auf ein Backblech geben. 40 Minuten im Ofen garen.
3. In der Zwischenzeit den Couscous und das Salz in eine hitzebeständige Schüssel geben. 150 ml Wasser zum Kochen bringen, über den Couscous gießen und diesen nach Packungsanleitung quellen lassen. Anschließend den Zitronensaft untermengen. Die Rosinen 10 Minuten in warmem Wasser einweichen, abtropfen lassen und zum Couscous geben. Zuletzt die Kräuter hacken, die Frühlingszwiebel in Ringe schneiden und alles zusammen mit dem Sauerkraut, den Oliven und den Mandelblättchen zugeben und untermischen.
4. Zum Servieren die Auberginenhälften auf den Tellern verteilen, mit dem goldenen Couscous toppen und mit Joghurt garnieren. Mit dem übrigen Olivenöl beträufeln und mit Sumach bestreuen.

Rote Bete-Ricotta-Ravioli

FÜR 2 PERSONEN

Für den Pastateig

200 g Hartweizenmehl (Type 00) oder Weizenmehl (Type 405)
1 Prise Salz
2 Eier
1 Eigelb (das Eiweiß aufheben – es wird gebraucht)

Für die Füllung

100 g Ricotta
35 g fermentierte Rote Bete, fein gewürfelt + 5 EL Lake (siehe S. 23)
1 kleine Knoblauchzehe, gerieben
½ TL Fenchelsamen, geröstet und gemahlen
¼ TL roter Pfeffer, zerstoßen

Außerdem

1 Eiweiß (siehe oben)
1 EL Butter
½ Knoblauchzehe, mit dem Messerrücken angedrückt
6 Salbeiblätter
40 g Fenchel, gegen die Faser fein geschnitten
4–5 kleine Kapern, mit einer Gabel leicht zerdrückt
1 EL frisch geriebener Parmesan

Etwas aufwendig ist es schon, dieses Gericht. Aber Spaß macht es auch. Ganz wunderbar wird es, wenn der Pastateig sehr dünn ausgerollt wird. Am einfachsten geht das mit einer Nudelmaschine, aber auch ohne werden diese Ravioli ganz fantastisch.

1. Für den Teig sollten alle Zutaten ungefähr Zimmertemperatur haben. Mehl mit Salz mischen, auf eine Arbeitsfläche geben, eine Mulde in die Mitte drücken, Eier und Eigelb hineingeben und mit einer Gabel von der Mitte nach außen zu einem groben Teig vermischen. Dann mit den Händen solange kneten, bis der Teig nur noch leicht klebt. In Frischhaltefolie wickeln oder mit einer umgedrehten Schüssel abdecken und 30 Minuten an einem kühlen Ort ruhen lassen.

2. In der Zwischenzeit die Füllung zubereiten. Ricotta, Rote Bete, 1 EL Lake, Knoblauch, Fenchel und roten Pfeffer in einer Schüssel mit einer Gabel verrühren. Den Pastateig nach der Ruhezeit nochmals kurz durchkneten und entweder in einer Nudelmaschine oder mit einem Nudelholz auf 1–2 mm Dicke ausrollen. Es werden zwei etwa gleich große Teigplatten benötigt. Die Größe der Ravioli kann auf einer der Platten mit einem Messer oder einem Teigrad markiert werden. Wir empfehlen eine Größe von 3,5 x 3,5 cm. In die Mitte der Markierungen mithilfe eines Teelöffels jeweils ungefähr ½ TL Füllung geben. Die Ränder rund um die Füllung mit Eiweiß einpinseln. Das Eiweiß kann gegebenenfalls mit etwas Wasser verquirlt werden, damit es für alle Ravioli reicht. Dann die zweite Teigplatte auflegen und die Luft von der Füllung wegdrücken. Die Ravioli mit einem Messer oder einem Raviolirad ausschneiden.

3. Wasser zum Kochen bringen und salzen. Butter in einer Pfanne zerlassen, Knoblauch, Fenchel, Salbei und Kapern vorsichtig darin schwenken. 2 EL Nudelwasser und Parmesan zugeben. Die Ravioli im kochenden Wasser 2–3 Minuten garen, mit einer Schaumkelle herausnehmen, zur Sauce in die Pfanne geben und unterheben. Auf zwei Teller verteilen und jeweils mit 2 EL Rote-Bete-Lake beträufeln.

Spaghetti Carbonara mit fermentiertem Sellerie

Ein echter Sattmacher! Und ein leckerer! Schließlich sind hier echte Umami-Kracher vereint: Speck, Käse, Ei, Sellerie. Wohlgeschmack ist also garantiert. Ein zarter Gaumenschmeichler ist dieses Gericht auch, denn die Sauce wird durch die Wärme der Pasta auf dem Teller wunderbar cremig. Und zwar bei Temperaturen, die die Milchsäurebakterien im fermentierten Sellerie am Leben lassen.

FÜR 4 PERSONEN

450 g Spaghetti
100 g Parmesan, frisch gerieben + etwas mehr
4 Eier + 2 Eigelb (optional)
50 g fermentierter Sellerie (siehe S. 27)
schwarzer Pfeffer
50 g Guanciale (alternative Pancetta, Speck, geräucherter Tofu), grob gewürfelt
4 EL Olivenöl
Salz

1. Spaghetti in reichlich Salzwasser al dente kochen. Währenddessen den Parmesan mit Eiern und fermentiertem Sellerie in einer Schüssel verrühren, mit Pfeffer würzen. Wer's gehaltvoll mag, kann noch 2 Eigelbe zugeben. Guanciale in einer großen Pfanne ohne Fett langsam andünsten. Wenn Fett austritt, das Olivenöl zugeben.
2. Ca. 1 Minute bevor die Pasta al dente sind, die Hitze der Pfanne reduzieren. (Wer's weniger fettig mag, kann etwas Öl abschöpfen und für das nächste Gericht beiseitestellen.) Die Spaghetti mit ein wenig Nudelwasser zum Guanciale in die Pfanne geben und die Parmesan-Ei-Mischung unterheben.
3. Zum Servieren die Spaghetti mithilfe einer Küchenzange aus der Pfanne nehmen und eingedreht auf die Teller verteilen. Mit Parmesan bestreuen und etwas schwarzen Pfeffer frisch darüber mahlen.

Taco Trio

Tacos bieten eine perfekte Möglichkeit, um Röstaromen, Fett und Stärke in nur einem Biss mit fermentiertem Gemüse zu vereinen! Die Verpackung der Tortillas am besten erst kurz vor Gebrauch öffnen, da die Tortillas an der Luft schnell austrocknen. Sollte das doch passiert sein, kann man sie einfach mit ein wenig Wasser benetzen, bevor sie in die Pfanne kommen.

FÜR 2–4 PERSONEN

Für die Bohnen-Sauerkraut-Füllung

100 g schwarze Bohnen, getrocknet
½ TL Natron
Salz
100 g Goldenes Sauerkraut (siehe S. 16)

Für die Kartoffel-Paprika-Füllung

300 g vorwiegend festkochende Kartoffeln
150 g Spitzpaprika (alternativ Paprika), entkernt und geviertelt
100 g Curtido (siehe S. 19)

1. Als erstes für die Bohnen-Sauerkraut-Füllung die getrockneten Bohnen in ein Sieb geben und mehrfach waschen, um Staub zu entfernen. Die gewaschenen Bohnen mit dem Natron in einen Topf geben, mit der doppelten Menge Wasser bedecken und mehrere Stunden oder am besten über Nacht einweichen lassen. Am nächsten Tag das Wasser abgießen, die Bohnen mit frischem Wasser bedecken und ca. 1 ½ Stunden bei starker Hitze weich kochen. Kurz vor Ende der Garzeit salzen, so zieht das Salz noch in die Bohnen ein, vom Herd nehmen und in eine Schüssel füllen. Das Sauerkraut abtropfen lassen und in einer weiteren Schüssel bereitstellen.
2. Für die Kartoffel-Paprika-Füllung den Ofen auf 230 °C vorheizen. Kartoffeln schälen und in reichlich Salzwasser ca. 30 Minuten garen. Anschließend noch heiß mit der Gabel leicht zerdrücken. Paprika direkt auf die Flamme des Gasherdes legen und ca. 10 Minuten von allen Seiten anrösten, bis die Schale schwarz wird. Alternativ die Paprika in eine Backofenform geben und im heißen Ofen auf der obersten Schiene unter dem Grill schwarz rösten. Die Paprika mit der verbrannten Haut in ein Gefäß geben, verschließen und 10 Minuten abkühlen lassen. So lässt sich die Haut später ganz einfach lösen. Zusammen mit den Kartoffeln in eine Schüssel geben. Curtido abtropfen lassen und in einer weiteren Schüssel bereitstellen.

→ *Fortsetzung auf der nächsten Seite*

Für die Blumenkohl-Sellerie-Füllung

150 g Blumenkohl
40 g Zwiebel, fein gehackt
40 g Guanciale (alternativ anderer Speck oder Pancetta), fein gewürfelt
20 g Butter
100 g fermentierter Sellerie (siehe S. 27)

Außerdem

8 Mais-Tortillas
1 Bund Koriander, fein gehackt
2 Limetten, geachtelt
Fermentierte Salsa nach Belieben (siehe S. 34)

3. Für die Blumenkohl-Sellerie-Füllung den Blumenkohl in kleine Röschen teilen. Auch der Strunk kann verwendet werden, er ist innen ganz zart, einfach die äußere Schicht abschneiden oder schälen, und den Strunk in kleine Stücke schneiden. Zwiebeln und Guanciale in eine kalte Pfanne geben und bei niedriger Temperatur langsam erhitzen und einige Minuten anbraten, bis die Zwiebeln glasig sind und der Guanciale kross ist. Die Zwiebel-Guanciale-Mischung mit einer Schaumkelle aus der Pfanne in eine Schüssel geben, das übrige Fett in der Pfanne nicht entsorgen (das ist das Beste!). Butter zufügen und zerlassen, und den Blumenkohl darin bei mittlerer Hitze ca. 10 Minuten anbraten, dann zur Zwiebel-Guanciale-Mischung geben. Den fermentierten Sellerie abtropfen lassen und in einer weiteren Schüssel bereitstellen.
4. Eine flache (Eisen-)Pfanne ohne Fett erhitzen und die Tortillas jeweils 20–30 Sekunden von beiden Seiten anrösten. Die Tortillas sollen heiß sein und leichte Brandflecken haben, aber noch schön weich sein. Auf einen großen Teller geben und unter einem Küchenhandtuch warm halten.
5. Alle Füllungen, Fermente und die Salsa in kleinen Schälchen auf dem Esstisch anrichten. Koriander und Limetten ebenfalls bereitstellen. Die Tacos nach Belieben belegen und je nach Wunsch mit Salsa, Limette und Koriander verfeinern.

Pizza fermentata

Wichtig ist, wie die Pizzen gebacken werden, und dass der Belag gut funktioniert. Es gilt: Die Pizzen immer im Auge behalten! Eventuell müssen sie gedreht werden, damit sie von allen Seiten gut bräunen. Mozzarella und Burrata am Vortag oder spätestens 2 Stunden vor dem Backen in Scheiben schneiden und abtropfen lassen, damit der Belag nicht zu feucht wird. Wir haben die Beläge jeweils für 1 Pizza angegeben, damit Sie selbst entscheiden können, von welcher Variante Sie wie viele backen.

FÜR 6 PIZZEN

1 Würfel frische Hefe
1 kg Mehl (Type 00 bzw. »Pizzamehl«) + etwas mehr zum Verarbeiten
1 EL Salz
Olivenöl

Für 1 Goldene Pizza

100 g Mozzarella, in Scheiben
60 g Oliven
70 g Pfifferlinge
2 Knoblauchzehe, fein gewürfelt
100 g Goldenes Sauerkraut (siehe S. 16)
2 kleine Handvoll Basilikumblätter

1. Für den Teig 5 EL lauwarmes Wasser in eine kleine Schüssel geben, die Hefe hineinbröckeln, alles verquirlen und beiseitestellen. Mehl in eine große Schüssel geben, 625 ml lauwarmes Wasser zugießen und vermischen, bis eine homogene Masse entsteht, abgedeckt 30 Minuten ruhen lassen. Danach Salz und Hefe-Wasser-Gemisch zugeben und so lange kneten, bis ein glatter Teig entsteht, der nicht mehr klebt. Die Schüssel mit einem Deckel oder einer Frischhaltefolie abdecken und über Nacht im Kühlschrank oder 3 Stunden bei Zimmertemperatur gehen lassen.
2. Teig aus der Schüssel nehmen und sechs gleich große Kugeln daraus formen. Diese leicht mit Olivenöl benetzen (das geht am besten mit den Händen) und mit Frischhaltefolie abdecken. Weitere 6 Stunden bei Zimmertemperatur gehen lassen.
3. Zum Formen der Pizzen am Rand der Arbeitsfläche Mehl aufhäufen. Eine Teigkugel hineinlegen und ringsum mit Mehl bestäuben, und sie dann auf der leicht bemehlten Arbeitsfläche mit ebenso leicht bemehlten Händen von innen nach außen drückend zu einem Kreis dehnen. Den Rand dabei nach Belieben mehr oder weniger dick auslaufen lassen.
4. Es gibt zwei Möglichkeiten, Pizzen in einem gewöhnlichen Ofen perfekt zu backen. Wenn der Ofen nicht richtig heiß wird, backt man die Pizzen am besten zunächst in einer gusseisernen Pfanne. Erreicht der Ofen Temperaturen über 270 °C, ist das Backen auf einem Pizzastein ideal. In beiden Fällen den Ofen auf die höchste Temperatur vorheizen.

→ *Fortsetzung auf der nächsten Seite*

Für 1 Sellerie-Pizza

200 ml passierte Tomaten
100 g fermentierter Sellerie + 50 ml Lake (siehe S. 27)
100 g Mozzarella, in Scheiben
70 g Kirschtomaten, in Scheiben
2 Knoblauchzehen, fein gehackt
1 TL Thymianblättchen

Für 1 Rote-Bete-Pizza

70 g Ricotta
100 g fermentierte Rote Bete + 70 ml Lake (siehe S. 23)
100 g Burrata, in Stücke gezupft
10 Walnüsse, grob gehackt
5 getrocknete Pflaumen, in 2 mm dicken Streifen
2 kleine Handvoll lila Basilikumblätter

5. Für die erste Variante, die Pfanne mit etwas Olivenöl auf dem Herd stark erhitzen, Teig hineingeben und 2 Minuten braten. Vom Herd nehmen und die Pizza belegen, anschließend die Pfanne in den Ofen geben und die Pizza goldbraun backen. Für die zweite Variante den Ofen samt Pizzastein vorheizen. Den ausgedehnten Teig auf den bemehlten Pizzaschieber geben und belegen. Anschließend auf dem heißen Pizzastein im Ofen backen, bis der Rand goldbraun ist.

6. Für die Goldene Pizza den Teig mit Mozzarella belegen, dann Oliven, Pfifferlinge und Knoblauch darüber verteilen. Backen und die fertige Pizza mit Goldenem Sauerkraut und frischem Basilikum garnieren und genießen.

7. Für die Sellerie-Pizza Tomaten und Lake in einen Topf geben und bei mittlerer Hitze zur Hälfte einreduzieren lassen. Dann die Sauce mit der Rückseite eines Esslöffels auf der Pizza verstreichen. Anschließend erst Mozzarella, dann die frischen Tomaten darauf verteilen. Zum Schluss mit Knoblauch und Thymian bestreuen. Backen und die fertige Pizza mit dem fermentierten Sellerie garniert servieren.

8. Für die Rote-Bete-Pizza Ricotta und Lake in einer Schüssel verrühren und auf dem Teig verstreichen. Darüber den Burrata, die Nüsse sowie die Pflaumen verteilen. Die Pizza wie beschrieben backen. Die fertige Pizza mit der fermentierten Roten Bete und dem Basilikum garnieren und servieren.

Egg Fried Rice mit Kimchi

Bestes Reste-Essen, wenn mal wieder etwas zu viel Reis gekocht wurde! Dieses Zuviel hat sogar einen Vorteil: Gekochter Reis entwickelt beim Abkühlen resistente Stärke – so werden aus den ursprünglich energiereichen Kohlenhydraten wertvolle Ballaststoffe. Das gilt übrigens auch für Kartoffeln und Pasta.

FÜR 2 PERSONEN

4 EL Sonnenblumenöl
4 Eier
2 Chilis, in dünnen Ringen
100 g Kimchi + 50 ml Lake (siehe S. 23)
400 g gekochter Reis vom Vortag
Hotsauce (siehe S. 31; optional)
3 EL Sojasauce
Salz (optional)
1 Bund Frühlingszwiebeln, in Ringen

1. Öl in einer tiefen, beschichteten Pfanne oder am besten in einem Wok mittelstark erhitzen.
2. Die Eier aufschlagen, in einer Schüssel leicht verquirlen. und in die Pfanne geben. Das Ei zunächst von einer Seite schön bräunen, nach ca. 3 Minuten wenden. So entsteht eine Art Omelett.
3. Chili und die Hälfte des Kimchis zugeben und alles miteinander vermengen, dabei das Omelett mithilfe eines Pfannenwenders zerkleinern. Den Reis zufügen und abermals alles gut vermischen. Nun 4 Minuten und unter ständigem Wenden anbraten. Darauf achten, dabei die Reiskörner nicht zu zerquetschen, sonst wird der Reis matschig. Mit Kimchi-Lake und Sojasauce ablöschen, 3 Minuten ziehen lassen. Je nachdem, wie salzig die Sojasauce ist, zusätzlich mit Salz abschmecken. Alles in einer flachen Schüssel oder auf einer Platte anrichten, das übrige Kimchi darauf verteilen und mit Frühlingszwiebeln bestreut servieren.

Flammkuchen mit Speck und Kraut

Dieses Rezept ist ein Klassiker und zeigt, dass die Kombination aus Fett, Röstaromen und Teig mit Sauerkraut schon ewig bekannt und beliebt ist. Normalerweise wird das Sauerkraut mit dem Flammkuchen zusammen gebacken – dann ist es »tot«. Aber wie wir hier zeigen: Es geht auch anders!

FÜR 2 PERSONEN

10 g frische Hefe
220 g Mehl (Type 550 oder 405)
50 ml Buttermilch
2 EL Olivenöl
1 Prise Salz
50 g Schmand
75 g Schinken, in Würfeln
Salz
schwarzer Pfeffer
2 Frühlingszwiebeln, in Ringen
200 g Holunderkraut (siehe S. 16)

1. 120 ml lauwarmes Wasser in eine Schüssel geben, die Hefe hineinbröseln und darin auflösen. Mehl, Buttermilch, Olivenöl und Salz zugeben und alles zu einem glatten Teig verkneten. Mit einem Küchenhandtuch abgedeckt 2 Stunden an einem warmen Ort gehen lassen, bis sich der Teig sichtbar vergrößert hat. Danach den Teig halbieren und jeweils auf einem Bogen Backpapier dünn ausrollen und weitere 10 Minuten ruhen lassen.
2. In der Zwischenzeit den Ofen auf 250 °C vorheizen. Den Teig mit Schmand bestreichen und darauf den Schinken verteilen. Mit Salz und Pfeffer würzen. Nacheinander die Flammkuchen 7 Minuten im Ofen backen. Besonders knusprig werden sie übrigens, wenn man das Blech mitvorheizt und die Flammkuchen erst zum Backen mitsamt Backpapier aufs Blech zieht.
3. Die fertigen Flammkuchen kurz etwas abkühlen lassen. Dann erst mit Frühlingszwiebeln und Holunderkraut bestreuen.

Käsespätzle mit Kimchi

Bei diesem Rezept treffen schwäbische und koreanische Traditionen aufeinander und so wird endlich vereint, was aus kulinarischer Sicht ganz offensichtlich zusammengehört: Spätzle und Kimchi! Die Spätzle schmecken selbst gemacht am besten, aber natürlich kann man auch Fertig-Spätzle kaufen und diese in Öl braten und mit Kimchi vermischen.

FÜR 4 PERSONEN

400 g Mehl
4 Eier (L)
1 TL Salz
330 g Käse (zu ungefähr gleichen Anteilen: junger Bergkäse, alter Bergkäse, Emmentaler)
40 g Butter
2 große Zwiebeln, in dünnen Ringen
250 g Kimchi + 65 ml Lake (siehe S. 23)
2–3 Frühlingszwiebeln, in Ringen

1. Mehl und Eier in eine Schüssel geben und verquirlen. (Das geht am besten von Hand, wenn die Hände vorher angefeuchtet wurden. Dann kleben sie weniger.) Salz und 2–3 EL kaltes Wasser zufügen und weiterrühren, bis ein homogener Teig entsteht. Je nach Konsistenz weitere 2 EL kaltes Wasser zufügen. Der Teig sollte dickflüssig und klebrig sein. Die Schüssel mit einem Küchenhandtuch abdecken und den Teig 20 Minuten ruhen lassen.
2. Die drei Käsesorten reiben und vermischen. Butter in einer Pfanne zerlassen und die Zwiebeln darin ca. 10 Minuten bei mittlerer Hitze goldbraun braten. Dabei immer wieder umrühren, damit sie von unten nicht anbrennen. Den Ofen auf 200 °C vorheizen. Wasser in einem großen Topf zum Kochen bringen und ordentlich salzen. Schaumkelle, Spätzlebrett (oder einfach ein handliches, kleines Schneidebrett) und einen Teigschaber aus Metall bereitlegen.
3. Wenn das Wasser kocht, mithilfe des Teigschabers eine Portion Teig auf das angefeuchtete Brett geben. Den Teig mit dem angefeuchteten Teigschaber auf dem Brett glatt streichen und mit lockeren Handbewegungen feine Streifen des Teiges in das sprudelnde Wasser schaben. Die Spätzle sind fertig, wenn sie an die Wasseroberfläche steigen. Mit der Schaumkelle herausnehmen und in eine Schüssel geben.
4. Wenn alle Spätzle fertig sind, in einer großen Auflaufform abwechselnd Spätzle mit Käse und Kimchi aufschichten. Zum Schluss noch die Kimchi-Lake darübergießen und das Ganze 5–10 Minuten in den Ofen geben, sodass der Käse schmilzt und sich die Oberfläche leicht bräunt. Kurz vor dem Servieren mit Frühlingszwiebeln bestreuen.

Holunderkraut-Quiche

Ein äußerst wohlschmeckender Sattmacher, der sich bestens schon am Vortag vorbereiten lässt. Man stellt die ungebackene Quiche einfach über Nacht in den Kühlschrank und schiebt sie erst am nächsten Tag in den Ofen. Wenn es mal zeitlich eng wird, spart das ungemein Stress.

FÜR 4 PERSONEN

Für den Mürbeteig

250 g Mehl + etwas zum Verarbeiten
½ TL Salz
125 g kalte Butter, gewürfelt + etwas mehr für die Form

Für die Füllung

600 g Holunderkraut (siehe S. 16)
½ TL Kümmelsamen
3 Eier
100 ml Sahne
50 g Schmand
Salz
schwarzer Pfeffer
150 g Gruyère, frisch gerieben
2 Stängel Petersilie (optional)

1. Für den Teig Mehl und Salz in eine Schüssel geben, Butter zufügen und zügig mit den Fingerspitzen einarbeiten, sodass ein krümeliger Teig entsteht. 1 EL kaltes Wasser zufügen und den Teig mit den Händen zu einer Kugel zusammendrücken. Der Teig sollte so wenig wie möglich geknetet werden! Etwas warten, bis das Wasser vom Mehl gut aufgesogen wurde. Dann unter vorsichtigem Kneten so viel Wasser zufügen, bis ein glatter Teig entsteht. Die Teigkugel flach drücken, in die Schüssel geben und abgedeckt ca. 1 Stunde kalt stellen.

2. Eine Springform (ø 26 cm) oder flache gusseiserne Pfanne mit Butter einpinseln, den Ofen auf 200 °C vorheizen. Den Teig auf einer leicht bemehlten Arbeitsfläche ca. 4 mm dick ausrollen. Gegebenenfalls mit dem Teigschaber vorsichtig von der Arbeitsfläche lösen, damit er nicht kleben bleibt und reißt. Den ausgerollten Teig auf dem Nudelholz leicht aufrollen und die vorbereitete Form damit auskleiden. Mit dem Nudelholz einmal über die Form rollen, sodass überstehende Enden an den Rändern abgetrennt werden. Der Mürbeteig bäckt übrigens umso besser, je kühler er zubereitet wurde.

3. Für die Füllung das Holunderkraut abtropfen lassen, in eine Schüssel geben und mit Kümmel würzen. Eier, Sahne und Schmand in einer weiteren Schüssel verquirlen, mit Salz und Pfeffer würzen und zum Holunderkraut geben. Drei Viertel des Käses unter die Kraut-Sahne-Mischung heben, diese in die mit Teig ausgelegte Form füllen und für eine herrliche Kruste mit dem übrigen Käse bestreuen.

4. Die Quiche im vorgeheizten Ofen in 35 Minuten goldbraun backen. Gegebenenfalls zum Schluss für eine schöne Bräunung auf eine höhere Schiene geben. Vor dem Servieren etwas abkühlen lassen und nach Belieben mit gehackter Petersilie bestreuen.

Kimchi-Ramen

Schnell, sättigend, gesund und sehr sehr lecker. Dieses Gericht gehört ganz klar auf die Shortlist des gesunden Fast Foods! Wir bewegen uns hier wieder kulinarisch über geografische Grenzen hinweg? Mag sein!

FÜR 4 PERSONEN

2 EL neutrales Pflanzenöl
100–150 g Shiitake-Pilze
500 g Kimchi + 6 EL Lake (siehe S. 23)
1 l Gemüsebrühe
250 g Ramennudeln
6 EL Sojasauce
Salz
300 g Pak Choi, längs halbiert
4 Eier, wachsweich gekocht, gepellt und halbiert
1 Noriblatt
2 TL Sesamöl

1. Das Öl in einem Topf erhitzen und die Pilze darin bei hoher Temperatur anbraten. 400 g Kimchi zugeben und ebenfalls heiß anbraten. Mit Gemüsebrühe ablöschen, vom Herd nehmen und 20 Minuten ziehen lassen. Nebenbei in einer kleinen Schüssel die Würzsauce aus Sojasauce und Lake anrühren und mit Salz abschmecken.

2. In einem zweiten Topf Wasser zum Kochen bringen, den Pak Choi 1 Minute blanchieren, mit einer Schaumkelle herausnehmen und sofort in Eiswasser abschrecken, damit er nicht weiter gart und schön grün bleibt. Die Eier in die Würzsauce geben und mit einem Küchenhandtuch bedecken. In der Zwischenzeit die Ramennudeln nach Packungsanweisung im Pak-Choi-Wasser kochen.

3. Jeweils 2–3 EL Würzsauce und ½ TL Sesamöl in die Schüsseln geben. Dann die Pilz-Kimchi-Brühe zugießen, die Ramennudeln zugeben und zum Schluss mit Eiern, Noriblatt, Pak Choi und restlichem Kimchi toppen.

Dreierlei Reis-Congee

Der Reiz dieses Gerichts liegt ganz sicher nicht im Congee an sich. Das ist ein ziemlich fader chinesischer Reisbrei. Gleichzeitig ist genau das seine Stärke: Er ist quasi universell »aufpeppbar«. Damit lässt sich das Congee so vielseitig gestalten, wie es unterschiedliche Zutaten gibt.

FÜR 4 PERSONEN

Für das Congee

180 g Jasminreis
1 ½ EL Klebreis (alternativ Sushi-Reis)
2 l Hühnerbrühe
1 TL Salz

Für das Topping

1 Stück Ingwer (7 cm), geschält und gestiftelt
½ Bund Frühlingszwiebeln, in Ringen
3–4 EL fermentiertes Gemüse nach Belieben (siehe S. 16ff.)
½ Birne, geschält, vom Kerngehäuse befreit und gewürfelt
1 Paprika, gewürfelt
2 Eier, wachsweich gekocht, gepellt und halbiert
1 EL frisch gehackter Estragon
1 EL frisch gehackter Schnittlauch
schwarzer Pfeffer

1. Die beiden Reissorten mischen und unter fließendem kaltem Wasser gründlich waschen. Ziel ist, den Reisstaub zu entfernen. Anschließend in einen Topf geben, mit frischem Wasser bedecken und mindestens 1 Stunde, besser über Nacht, einweichen lassen. Abgießen und in einem Sieb gut abtropfen lassen. Dann in einem großen Mörser sanft zerstoßen, sodass die Reiskörner brechen – es soll kein Brei entstehen.
2. Den zerstoßenen Reis, 1 l Hühnerbrühe und Salz in einen Topf geben und langsam zum Köcheln bringen. Das Congee darf keine großen Blasen werfen! Kontinuierlich umrühren, damit der Reis nicht anbrennt. Die übrige Hühnerbrühe neben dem Herd bereitstellen und nach und nach zugeben. Die Suppe sollte langsam eindicken, dabei aber immer flüssig bleiben – notfalls mehr Brühe nachgießen. Die Suppe ist fertig, sobald die Reiskörner weich sind.
3. Die Suppe auf Schalen verteilen und nach Belieben mit Ingwer, Frühlingszwiebeln, fermentiertem Gemüse, Birne und Paprika anrichten. In die Mitte jeweils ein halbes wachsweiches Ei geben. Zum Schluss mit Estragon und Schnittlauch bestreuen und mit Pfeffer würzen.

Kimchi-Pancake

Ein etwas anderer Pfannkuchen! Das i-Tüpfelchen unserer asiatisch inspirierten Version ist das herrlich aromatische Chili-Öl, das auch zu anderen Gerichten – zum Beispiel Pizza oder Pasta – ganz wunderbar passt. In der Regel lohnt es sich, die doppelte Menge zuzubereiten …

FÜR 1–2 PERSONEN

Für das Chili-Öl

1 Stück Ingwer (ca. 5 cm)
1 Frühlingszwiebel
60 ml neutrales Öl
2 Lorbeerblätter
25 g Chiliflocken

Für den Pancake-Teig

250 g Zwiebeln
2 Karotten
150 g Kimchi (siehe S. 23)
1 Frühlingszwiebel, in Ringen
160 g Mehl
2 EL neutrales Öl

Für die Sauce

6 EL Sojasauce
½ EL Sesamsamen
1 Frühlingszwiebel, in dünnen Ringen
3 EL Kimchi-Lake (siehe S. 23)

1. Für das Chili-Öl Ingwer und Frühlingszwiebeln in mittelgroße Stücke schneiden. Das Öl in eine Pfanne geben und auf mittlerer Stufe erwärmen. Frühlingszwiebeln, Ingwer und Lorbeerblätter zugeben. Wenn sich im Öl kleine Bläschen bilden und die Frühlingszwiebeln goldbraun werden, die Pfanne vom Herd nehmen. Die Chiliflocken in ein leeres Glas geben und das aromatisierte Öl, durch ein Sieb gefiltert, langsam hineingießen.
2. Für den Teig die Zwiebel in Streifen schneiden und die Karotten fein hobeln. Anschließend beides mit Kimchi, Frühlingszwiebeln, Mehl und 120 ml Wasser in eine mittelgroße Schüssel geben und mit einem Löffel oder Teigspatel gut vermischen. Eine beschichtete Pfanne auf mittlerer Stufe erhitzen, das Öl hineingeben und schwenken, um den Boden der Pfanne zu benetzen. Den Teig hineingeben und mit der Rückseite eines Löffels oder mithilfe eines Teigspatels zu einem großen Kreis verstreichen. So lange braten, bis die Unterseite goldbraun und knusprig ist, das dauert 3–5 Minuten. Dann den Pfannkuchen vorsichtig wenden und von der anderen Seite goldbraun braten.
3. Für die Sauce Sojasauce, Sesam, Frühlingszwiebeln und Lake mischen. Zum Servieren den Pfannkuchen mit Sauce und Chili-Öl beträufeln.

Fermente-Burger

Nicht zufällig gehören bei Hamburger, Cheeseburger & Co. saure Gurken zu den Standardzutaten. Ihre Säure sorgt für einen großartigen Kontrast und den damit bekannten vollmundigen Wohlgeschmack. Weil aber saure Gurke nun wirklich jeder kennt und kann, schaffen wir mit Goldenem Sauerkraut, Kimchi und fermentierter Roter Bete neue und bunte Burgererfahrungen.

FÜR 6 PERSONEN

Für die Brioche-Buns

450 g Mehl (Typ 405)
14 g Trockenhefe
30 g Zucker
1 TL Salz
40 g zerlassene Butter
2 Eier (M)
½ TL neutrales Öl
2 EL Sesamsamen

Für die Hot Mayo

70 g fermentierte Mayonnaise (siehe S. 36)
2 TL Hotsauce (siehe S. 31)
¼ TL Worcestersauce
½ Knoblauchzehe, fein gerieben

Für die Schmorzwiebeln

1 EL Olivenöl
1 EL Butter
1 Zwiebel, in Ringen
7 EL Lake von fermentierter Roter Bete (siehe S. 23)

1. Für die Brioche-Buns Mehl, Hefe, Zucker und Salz in eine große Schüssel geben und mit dem Schneebesen verrühren. Zerlassene Butter, 220 ml lauwarmes Wasser und 1 Ei zugeben. Alles solange durchkneten, bis ein leicht klebriger Teig entsteht. Zu einer Kugel formen, einölen und mit einem Teller oder feuchtem Küchenhandtuch abdecken. An einem warmen Ort 2 Stunden gehen lassen.
2. Den Teig in sechs Portionen teilen und daraus die Buns formen. Dazu den Teig am besten mit der flachen Hand in Kreisbewegungen auf der Arbeitsfläche rollen – so geht's fast von selbst. Auf ein mit Backpapier ausgelegtes Backblech legen, die Teiglinge mit Öl einpinseln und mit einem Küchenhandtuch abdecken. Die Buns 60 Minuten gehen lassen. Rechtzeitig den Ofen auf 200 °C vorheizen. Das Ei verquirlen, die Buns damit bestreichen und mit Sesamsamen bestreuen. In 20 Minuten im heißen Ofen goldbraun backen.
3. In der Zwischenzeit alle Zutaten für die Hot Mayo in einer Schüssel miteinander verrühren. Für die Schmorzwiebeln Öl und Butter in einem kleinen Topf bei mittlerer Temperatur erhitzen und die Zwiebeln darin glasig andünsten. Nach 3–4 Minuten mit Lake ablöschen und 10–15 Minuten bei niedriger Temperatur einreduzieren lassen.

→ *Fortsetzung auf der nächsten Seite*

Für die Pattys

800 g Rinderhack
Salz
schwarzer Pfeffer
3 EL Sonnenblumenöl
6 Scheiben Gouda

Außerdem

2 EL zimmerwarme Butter
1 Handvoll Salatblätter nach Belieben
40 g Goldenes Sauerkraut (siehe S. 16), fermentierte Rote Bete (siehe S. 23) oder Kimchi (siehe S. 23)
3 EL Tomatenketchup (siehe S. 28)

4. Das Hackfleisch mit Salz und Pfeffer würzen und zu sechs gleich großen, runden Pattys formen. Die Pfanne erhitzen und die Pattys darin von einer Seite 3–4 Minuten anbraten, wenden und nach ca. 2 Minuten den Käse auf die Pattys legen. Nach weiteren 2 Minuten aus der Pfanne nehmen und beiseitestellen.

5. Die Buns halbieren, die Schnittflächen mit Butter bestreichen und in derselben Pfanne leicht anrösten. Dann die unteren Brötchenhälften mit Hot Mayo bestreichen, darauf die Rote-Bete-Schmorzwiebeln verteilen, mit Salatblättern belegen und das Patty daraufsetzen. Nach Belieben mit Sauerkraut, fermentierter Roter Bete oder Kimchi und Ketchup toppen. Die oberen Brötchenhälften auflegen, Servietten bereitlegen und genießen.

Gulasch mit Curtido

Natürlich ist die Kombination aus Gulasch und Sauerkraut ein Küchenklassiker. Aber manchmal kann man auch Klassiker noch einen Ticken besser machen. Zum Beispiel, indem man Curtido statt des normalen Sauerkrauts verwendet. Warum? Weil die verwendeten Gewürze im Curtido denen ähneln, die man im Gulasch ohnehin verwendet.

FÜR 4 PERSONEN

500 g durchwachsenes, leicht fettes Rindfleisch
Salz
40 g Speck
125 g Zwiebeln
200 g Karotten
200 g Knollensellerie
1 EL Sonnenblumenöl
25 g Tomatenmark
400 ml Rotwein
400 ml Rinderfond
1 Lorbeerblatt
3 Zweige Thymian
1 kleiner Zweig Rosmarin
3 Pimentkörner
½ EL geräuchertes Paprikapulver
1 EL edelsüßes Paprikapulver
200 g Curtido + 100 ml Lake (siehe S. 19)

1. Das Rindfleisch in 3–4 cm dicke Würfel schneiden, in eine Schüssel geben, salzen und 1 Stunde ziehen lassen. Speck, Zwiebeln und Karotten in relativ kleine Würfel schneiden, Sellerie schälen und in 5 mm dicke Streifen schneiden. In einem schweren Topf den Speck langsam glasig dünsten, dann das Öl zugeben und bei hoher Temperatur das Fleisch portionsweise anbraten. Herausnehmen und beiseitestellen.
2. Nun das vorbereitete Gemüse in den Topf zum Bratensatz geben und kurz andünsten. Tomatenmark zugeben und alles weitere 5 Minuten anbraten. Dann das Fleisch wieder zugeben und nach 2–3 Minuten mit Rotwein ablöschen. Alles kurz aufkochen lassen, Rinderfond zugießen, das Lorbeerblatt hineingeben und abgedeckt 3 Stunden auf kleiner Flamme schmoren lassen.
3. 30 Minuten vor Ende der Garzeit Thymian, Rosmarin und Piment zugeben und mit Paprikapulver würzen. Die Curtido-Lake als Geschmacksverstärker unter das fertige Gulasch mischen. Auf tiefe Teller verteilen und mit Curtido garniert servieren.

Steak mit Sellerie-Butter

Wenn schon Fleisch, dann richtig. Gerade bei einem Steak ist die Qualität entscheidend. Sie muss die Beste sein! Hier wird ein gut marmoriertes Rumpsteak verwendet. Es dient eher als Genussmittel, denn zur Sättigung. Der fermentierte Sellerie in der Butter passt bestens zum Fleisch. Seine Säure geht eine wunderbare Verbindung mit dem Fett ein und harmoniert hervorragend mit den Röstaromen.

FÜR 4 PERSONEN

55 g zimmerwarme Butter
30 g fermentierter Sellerie, klein gehackt (siehe S. 27)
2 ½ EL Sonnenblumenöl
400 g Steak (zimmerwarm)

1. Butter und Sellerie in einer Schüssel gut vermischen und beiseitestellen. Einen großen Teller in den Ofen stellen und den Ofen auf 100 °C vorheizen.
2. Das Öl in einer Pfanne stark erhitzen. Dann das Steak darin von beiden Seiten jeweils 3 Minuten kräftig anbraten. Aus der Pfanne nehmen und auf den Teller im Ofen geben, 10 Minuten im vorgeheizten Ofen ruhen lassen, dabei alle 3 Minuten wenden.
3. Das Steak in Scheiben schneiden, mit der Sellerie-Butter auf vier Tellern anrichten und servieren.

TIPP

Am besten reicht man zum Steak getoastetes Brot und einen grünen Salat. Das Brot lässt sich prima mit derselben Sellerie-Butter bestreichen.

Pochierter Lachs mit Sellerie-Apfel-Dip

Leider gelten mittlerweile viele Fischbestände als bedroht. Es ist daher ratsam, MSC-zertifizierten Wildlachs aus Alaska oder Bio-Lachs aus der EU oder Norwegen zu verwenden. Fisch ist eine wertvolle Delikatesse, die es verdient, behutsam mit ihr umzugehen. Durch das Pochieren kommt das feine Aroma vom Lachs besonders gut zutage.

FÜR 4 PERSONEN

Für den Dip

200 g fermentierter Sellerie (siehe S. 27)
300 g grüner Apfel, vom Kerngehäuse befreit und gewürfelt
14 g Meerrettich, geschält und frisch gerieben
4 EL Olivenöl
1 TL Salz

Für den Lachs

4 Lachsfilets
2 mittelgroße Zwiebeln, fein gehackt
1 EL Salz
2 TL schwarze Pfefferkörner
4 Lorbeerblätter
200 ml Lake von fermentiertem Sellerie (siehe S. 27)
2 EL Olivenöl

1. Für den Dip alle Zutaten in einem Standmixer pürieren oder in eine hohe Schüssel geben und mit dem Stabmixer zerkleinern. Beiseitestellen und ziehen lassen.
2. Für den Lachs die Filets waschen und trocken tupfen, beiseitestellen und Zimmertemperatur annehmen lassen. Einen großen Topf (die Filets sollen nebeneinander hineinpassen) mit Wasser füllen, Zwiebeln, Salz, Pfeffer, Lorbeerblätter und Lake zugeben und alles zum Kochen bringen. Sobald das Wasser kocht, die Temperatur reduzieren, und den Lachs 5 Minuten in siedendem Wasser pochieren – er darf nicht gekocht werden!
3. Lachs mit einer Schaumkelle aus dem Topf nehmen, auf vorgewärmte Teller geben, mit etwas Olivenöl beträufeln und mit dem Dip anrichten.

TIPP

Am besten genießt man den Lachs und Sellerie-Apfel-Dip mit Toast und einem kleinen Wildkräutersalat.

Rote-Bete-Heringssalat mit Würzkartoffeln

FÜR 4 PERSONEN

Für den Heringssalat:

100 g Joghurt
25 g fermentierte Mayonnaise (siehe S. 36)
25 ml Saure Sahne
1–2 TL Meerrettich (aus dem Glas oder frisch gerieben)
60 g fermentierte Rote Bete + 2 EL Lake (siehe S. 23)
60 g fermentierte Gurke + 1 EL Lake (siehe S. 24)
1 Prise Salz
1 Prise Zucker
40 g Schalotten
1 kleiner Apfel
1–2 EL Kapern
8 Heringsfilets
2 Stängel Dill (optional)

Für die Würzkartoffeln:

300 g festkochende Kartoffeln
25 g Senfkörner
1 EL Honig oder Ahornsirup
1 TL Salz
50 ml Weißwein
50 ml Weißweinessig
25 g Fenchelsamen
300 g Fenchel
1 EL Olivenöl

Schon rein geschmacklich verlangt das Fett des Herings nach Säure! Hinzu kommt, dass das Fischfleisch gleichzeitig von ihr »gegart« wird. Da die Säure in diesem Gericht von Fermenten stammt, wird es obendrein probiotisch. Gleichzeitig schützen sowohl die Säure als auch die Milchsäurebakterien vor dem Eindringen schädlicher Bakterien in den Fisch. Wer es vegan mag, probiere statt der Heringsfilets kurz in Wasser gegarte Auberginenscheiben!

1. Für den Heringssalat zunächst Joghurt, Mayonnaise, saure Sahne und Meerrettich in einer Schüssel mit Rote-Bete- und Gurken-Lake verrühren und mit Salz und Zucker abschmecken. Fermentierte Rote Bete und fermentierte Gurke in feine Würfel schneiden, den Apfel vom Kerngehäuse befreien und fein hacken. Die Kapern mit dem Messerrücken leicht andrücken und alles unter das Dressing rühren. Zum Schluss den Hering abspülen, mit einem Küchenhandtuch trocken tupfen, in dickere Streifen schneiden und ebenfalls unterheben. 1 Stunde im Kühlschrank durchziehen lassen. Währenddessen die Würzkartoffeln zubereiten.
2. Da die Kartoffeln ungeschält verwendet werden, sollten sie unter Wasser gründlich abgebürstet und abgespült werden. Anschließend in reichlich Salzwasser in ca. 20 Minuten gar kochen und danach noch heiß je nach Größe halbieren oder vierteln. In der Zwischenzeit das Dressing für die Würzkartoffeln zubereiten: Die Senfkörner in ein Sieb geben und mit lauwarmem Wasser abspülen, beiseitestellen. In einem kleinen Topf Honig und Salz bei geringer Hitze in Weißwein und Essig auflösen, Fenchelsamen und Senfkörner zugeben und alles kurz aufkochen lassen. Nun den Fenchel gegen die Faser in dünne Streifen schneiden und zusammen mit den Kartoffeln und dem Öl in einer Pfanne kräftig anbraten. Zum Schluss mit der Honig-Senf-Mischung ablöschen. Die Flüssigkeit fast zur Gänze verdampfen lassen.
3. Die Kartoffeln noch heiß zum Heringssalat servieren und diesen nach Belieben mit Dill garnieren.

Mehr Infos: www.bfw-stralsund.de/aktuelles
VORPOMM
am S
Stadtrundgang
Zum Tag des offenen Denkmals
EINKOMMEN AUFBESSERN!
ZUSTELLER GESUCHT!

Kartoffelsalat und Wiener Würstchen

Die Grundidee für dieses Rezept ist ein schwäbischer Kartoffelsalat, doch statt des Essigs werden fermentierte Karotten samt ihrer Lake verwendet. Sehr lecker! Und natürlich braucht es nicht unbedingt eine Wiener Wurst dazu …

FÜR 4 PERSONEN

Für den Kartoffelsalat

450 g festkochende Kartoffeln
70 g fermentierte Karotten + 3 EL Lake (siehe S. 27)
180 ml Gemüsebrühe
1 Schalotte, fein gewürfelt
1 EL gehackter Estragon
3 EL Olivenöl
1 Prise Salz
schwarzer Pfeffer

Außerdem

8 Wiener Würstchen
2 EL Sonnenblumenöl
4 EL Senf

1. Die Kartoffeln ca. 20 Minuten in kochendem Wasser garen, anschließend pellen und in dünne Scheiben schneiden. Die Kartoffeln sollten dabei möglichst heiß bleiben – so nehmen sie die Brühe besser auf und das ist die Grundvoraussetzung für die richtige Schlotzigkeit!
2. Die fermentierten Karotten in Streifen schneiden und die Brühe aufkochen. Schalotten, Estragon, Karotten-Streifen, Lake und Öl in eine Schüssel geben und einige Minuten ziehen lassen. Die heiße Brühe in eine weitere Schüssel geben und die Kartoffelscheiben sofort unterrühren. Das Dressing zugießen, mit Salz und Pfeffer würzen. Alles vermengen und mindestens eine ½ Stunde ziehen lassen.
3. Die Wiener Würstchen im heißen Öl anbraten. Den Kartoffelsalat auf vier Tellern verteilen und mit jeweils 2 Wiener Würstchen und Senf servieren.

Goldene Currywurst

Das Goldene Sauerkraut wird mit ähnlichen Gewürzen zubereitet, wie sie in Currypulver vorkommen – Kurkuma, Ingwer, Chili. Kein Wunder also, dass es geschmacklich so gut zu einer Currywurst passt.

FÜR 4 PERSONEN

1 Schalotte
1 EL Sonnenblumenöl
1 EL Butter
4 –5 Estragonblättchen
200 g Goldenes Sauerkraut + 100 ml Lake (siehe S. 16)
200 ml passierte Tomaten
4 Würste (Brüh- oder Bratwurst)
¼ TL Currypulver

1. Die Schalotte fein würfeln. Öl und Butter in einem Topf erhitzen und die Schalottenwürfel darin 3–4 Minuten bei mittlerer Hitze andünsten. 3 Estragonblättchen zugeben, mit Lake ablöschen. Passierte Tomaten zugeben und alles zusammen 20 Minuten ohne Deckel einkochen.
2. In der Zwischenzeit die Würste wahlweise in einem Ofen bei 220 °C grillen oder in einer Pfanne von allen Seiten 4–5 Minuten in etwas Öl und Butter braten.
3. Die Würste in Scheiben schneiden, auf Tellern verteilen, mit der Sauce übergießen und mit Currypulver bestreuen. Den übrigen Estragon klein schneiden und darüberstreuen. Mit Goldenem Sauerkraut servieren.

Hot Dogs

Wenn schon Fastfood, dann wenigstens hausgemacht. Über die verwendeten Gemüsefermente und die Senfsauce bekommen diese Hot Dogs einen probiotischen Twist. Für Eilige tun's natürlich auch gekaufte längliche Brötchen jeder Art, Hauptsache, die Sauce ist selbstgemacht.

FÜR 6 PERSONEN

Für die Buns

1 Brioche-Teig (siehe S. 146)

Für die Dänische Sauce

2 Schalotten
2 EL Lake von fermentierten Karotten (siehe S. 27)
200 g fermentierte Mayonnaise (siehe S. 37)
100 g Saure Sahne
2 EL Senf
2 TL Currypulver
2 TL flüssiger Honig

Außerdem

6 Wiener Würstchen (oder vegetarische Alternative, siehe unten)
6 EL Ketchup
60 g Goldenes Sauerkraut (siehe S. 16), Kimchi (siehe S. 23) oder fermentierte Karotten (siehe S. 27)
4 Frühlingszwiebeln, in feinen Ringen (optional)
2 EL gehackte Petersilie (optional)

Für die vegetarische Alternative

6 Karotten
60 g Butter
20 ml Lake von fermentierten Karotten (siehe S. 27)

1. Den Ofen auf 190 °C vorheizen. Brioche-Teig in sechs Portionen teilen, diese zu Kugeln formen und 10 Minuten ruhen lassen. Danach die Kugeln zu 12–15 cm langen Ovalen ausrollen und nebeneinander auf ein mit Backpapier ausgelegtes Backblech legen. Die Teiglinge sollten keinen allzu großen Abstand zueinander haben, damit sie sich im Ofen beim Aufgehen gegenseitig stützen können. In ca. 25 Minuten im Ofen goldgelb backen. Währenddessen geht's an die Sauce und die Toppings.
2. Die Schalotten ganz fein würfeln und mit Lake, Mayonnaise, saurer Sahne, Senf, Curry und Honig verrühren. Die Toppings klein schneiden bzw. hacken.
3. Wenn die Buns fertig sind, die Würstchen in einem Topf mit heißem, aber nicht kochendem Wasser erwärmen. Für die vegetarische Alternative die Karotten schälen und 10 Minuten im köchelnden Wasser garen. Anschließend Butter bei niedriger Hitze in einer Pfanne zerlassen und die Karotten darin schwenken, am Ende mit der Lake ablöschen.
4. Die Buns längs aufschneiden, mit Ketchup bestreichen und die heißen Würstchen oder Karotten zwischen die Brötchenhälften geben. Anschließend mit Goldenem Sauerkraut, Kimchi oder fermentierten Karotten füllen. Die dänische Sauce darübergeben und mit Frühlingszwiebeln oder gehackter Petersilie bestreut servieren.

DESSERTS & GETRÄNKE

Fermentiertes Gemüse im Dessert, Lake im Cocktail? Das mag befremdlich klingen. In der Tat enthält fast jede Süßspeise neben Zucker auch Salz und Säure. Warum also keine Versuche wagen? Tatsächlich wird durch die Verwendung von Fermenten oder deren Lake so manches sonst allzu süßes Dessert geschmacklich interessanter. Getränke bieten eine prima Möglichkeit, auch mit kleinen Mengen von Lake großartige Effekte zu erzielen. Gemüsesäfte aus dem Supermarkt können da nur neidisch werden.

Obstsalat mit Goldenem Sauerkraut

Der perfekte Salat für heiße Tage – erfrischend und vitalisierend! Absolut entscheidend ist hier die Qualität des Obsts. Das Obst sollte immer richtig reif sein, dafür können die verwendeten Sorten variieren. Das hier ist unsere Spätsommervariante – in anderen Jahreszeiten empfehlen sich andere Früchte.

FÜR 4 PERSONEN

1 Orange
1 kleines Stück Ingwer (1 cm)
120 g Goldenes Sauerkraut (siehe S. 16)
6 Aprikosen (am besten Zuckeraprikosen)
2 Pflaumen oder Zwetschgen
½ Apfel oder Birne
½ TL Salz
½ Jalapeño, in feinen Ringen
60 g Blaubeeren
2 EL Sonnenblumenöl
schwarzer Pfeffer

1. Die Orange pressen, den Ingwer schälen und fein hacken. Orangensaft und Ingwer mit dem Sauerkraut in eine große Schüssel geben. Dieses Dressing gibt Geschmack und verhindert gleichzeitig, dass das Obst braun wird.
2. Aprikosen und Pflaumen entsteinen und vierteln, Apfel vom Kerngehäuse befreien und würfeln. Das Obst sofort mit dem Salz zum Dressing in die Schüssel geben und zügig umrühren. Jalapeño, Blaubeeren und Öl ebenfalls untermengen. Den Obstsalat mit Pfeffer abschmecken und 30 Minuten kalt stellen. Anschließend in vier kleinen Schalen anrichten und servieren.

Rote-Bete-Brownie

Rote Bete im Brownieteig ist nichts Neues mehr. Kein Wunder, denn die Knollen machen das Gebäck wunderbar saftig. Wir verwenden – Überraschung – fermentierte Rote Bete. Die leichte Fermentationssäure macht die Brownies schön frisch!

FÜR 20 STÜCK

200 g fermentierte Rote Bete (siehe S. 23)
200 g Zartbitter-schokolade
120 g Butter
4 Eier (M)
100 g brauner Zucker
140 g Weizenmehl (Type 405)
40 g Backkakao
Puderzucker nach Belieben
Walnüsse zum Garnieren

1. Die Rote Bete in einem Sieb abtropfen lassen. (Die Lake unbedingt auffangen – aus ihr lassen sich passend zum Brownie leckere Getränke zubereiten, siehe S. 174, 177, 181, 182.) Anschließend in einer Schüssel mit dem Stabmixer pürieren. Den Ofen auf 175 °C vorheizen.
2. Schokolade und Butter in eine hitzebeständige Schüssel geben und über dem Wasserbad sanft schmelzen. Die Schüssel sollte das Wasser dabei nicht berühren, damit die Schokolade nicht anbrennt. Anschließend etwas abkühlen lassen.
3. Die Eier mit dem Zucker in einer großen Schüssel schaumig schlagen. Mehl und Kakao sowie die leicht abgekühlte Butter-Schoko-Masse im Wechsel mit dem Rote-Bete-Püree unterrühren. Nicht zu lange rühren!
4. Den Teig auf ein mit Backpapier ausgelegtes oder gefettetes Backblech geben, glatt streichen und ca. 25 Minuten backen. Stäbchenprobe machen, aus dem Ofen nehmen, abkühlen lassen und in ca. 20 Stücke schneiden. Mit Puderzucker bestäuben und mit Walnüssen garniert servieren.

Fermente-Sorbets

Hier werden verschiedene Gemüsefermente mit diversen Obstsorten und Kräutern kombiniert und um ein paar wenige Zutaten ergänzt. So entstehen erfrischende Köstlichkeiten, die an heißen Tagen alle Vitalgeister wiederbeleben. In den drei Varianten verwenden wir unterschiedliche »Bindemittel«, die nach Lust und Laune ausgetauscht und eingesetzt werden können. Das zeigt, wie leicht es ist, Sahne durch vegane Alternativen zu ersetzen.

FÜR JE 3 PORTIONEN

ROTE-BETE-HIMBEERE

50 g fermentierte Rote Bete + 40 ml Lake *(siehe S. 23)*
100 g Himbeeren
60 g flüssiger Honig oder Ahornsirup
100 ml Sahne, gekühlt (als Bindemittel)

SELLERIE-APFEL-BASILIKUM

100 g fermentierter Sellerie *(siehe S. 27)*
240 g Apfel, gewürfelt (möglichst süß)
30 g flüssiger Honig oder Ahornsirup
4 Basilikumblättchen
100 g Cashewnüsse, geröstet und 1 Nacht im Kühlschrank in 50 ml Wasser eingeweicht (als Bindemittel)

KAROTTE-PFLAUME-ROSMARIN

50 g fermentierte Karotten + 40 ml Lake *(siehe S. 27)*
100 g Pflaumen, entsteint
30 g flüssiger Honig oder Ahornsirup
3 Rosmarinnadeln
90 g Banane, geschält und gekühlt (als Bindemittel)

1. Das Vorgehen ist immer gleich: Alle Zutaten für die Grundmasse (bis auf das Bindemittel) in einem Standmixer fein pürieren, anschließend in eine Eiswürfelform füllen und mindestens 6 Stunden in den Tiefkühlschrank stellen.
2. Anschließend die Eiswürfel zusammen mit dem jeweiligen Bindemittel erneut in einen Standmixer geben und zu einem cremigen Sorbet mixen. Mithilfe von zwei Esslöffeln Nocken abstechen und das Sorbet auf Tellern anrichten oder die Sorbets in gekühlten Gläsern servieren. Sofort genießen!

Karottenkuchen

Bei uns kommen hier fermentierte Holunder-Karotten zum Einsatz – diese verleihen dem Carrot Cake eine herrlich florale Note und eine gewisse Frische. Das Frosting handhaben wir ganz klassisch.

FÜR 12–16 STÜCKE

Für den Kuchen

400 g Holunder-Karotten + 160 ml Lake (siehe S. 27)
450 g Mehl (Type 405)
1 Pck. Backpulver
½ TL Salz
2 TL Zimt
450 g Zucker
1 TL Vanillezucker
1 Ei
350 ml neutrales Öl
1 EL zimmerwarme Butter für die Form

Für das Frosting

250 g Doppelrahmfrischkäse
100 g Puderzucker
50 ml Sahne

Außerdem

Walnüsse zum Garnieren

1. Den Ofen auf 180 °C vorheizen. Die fermentierten Karotten mit dem Messer oder einem Pürierstab nicht zu stark zerkleinern (2–4 mm), sie dürfen später im Kuchen gerne noch wahrnehmbar sein. Mehl, Backpulver, Salz und Zimt in einer Schüssel vermengen.
2. Zucker, Vanillezucker, Ei, Öl und Lake in einer zweiten Schüssel cremig rühren. Die Mehlmischung zugeben und alles zu einem Teig verrühren. Die Karotten portionsweise unterheben. Den Teig in eine gut gebutterte Springform (ø 26 cm) füllen, glatt streichen und ca. 45 Minuten backen.
3. Für das Frosting Frischkäse, Puderzucker und Sahne in eine Schüssel geben und verrühren. Bis zur Verwendung kalt stellen.
4. Den fertig gebackenen Kuchen aus dem Ofen nehmen und in der Springform abkühlen lassen. Anschließend herausnehmen, auf ein Brett geben und mit einem langen, scharfen Messer oder einem guten Brotmesser auf halber Höhe durchschneiden.
5. Die untere Kuchenhälfte großzügig mit Frosting bestreichen, die zweite Kuchenhälfte wieder auflegen und auf ihr den Rest des Frostings verteilen. In Stücke schneiden, mit Walnüssen garnieren und genießen.

Vier Shots

Vier Mixgetränke unter Verwendung von Lake verschiedener Fermente – simpel zubereitet und schnell getrunken. So nimmt man eine gehörige Portion unterschiedlicher Vitamine, Enzyme und anderer Vitalstoffe zu sich. Fast nebenbei tut man also etwas für sein Mikrobiom. Und das Beste ist: Es schmeckt auch großartig!

FÜR JE 1 SHOT

ROTE-BETE-APFEL

50 ml Apfelsaft
10 ml Lake von fermentierter Rote Bete (siehe S. 23)

KAROTTE-ESTRAGON

45 ml Karottensaft
15 ml Lake von fermentierten Karotten (siehe S. 27)
1 Stängel Estragon

ORANGEN-KRAUT

50 ml Orangensaft
15 ml Lake von Goldenem Sauerkraut (siehe S. 16)

SELLERIE-BIRNE

25 ml Birnen-Direktsaft
25 ml Wasser
15 ml Lake von fermentiertem Sellerie (siehe S. 27)

1. Die jeweiligen Zutaten zusammengießen – und die Shots sofort genießen.
2. Für den Karotten-Estragon-Shot den Estragonstängel in den Drink geben und 30 Minuten ziehen lassen.

Ayran

Ayran

FÜR 1 GLAS

100 ml Joghurt
20 ml Lake von fermentiertem Sellerie (siehe S. 27)
1 Prise Salz

Dieses türkische Nationalgetränk enthält schon in der Originalrezeptur wertvolle Mineralstoffe und gesunde Bakterien. Es wird aus Joghurt, Wasser und Salz hergestellt. Lake von fermentiertem Gemüse als Ersatz für Wasser und Salz zu nutzen, ist also ein einfacher wie genialer Schachzug.

Alle Zutaten in ein hohes Gefäß geben und mit einem Pürierstab gut mixen. In ein Glas füllen und genießen.

PROBIOTISCH, VEGAN

Schorschs Schorle

FÜR 1 GLAS

30 ml Lake von fermentierter Roter Bete (siehe S. 23)
1 EL Zucker
10 ml Zitronensaft
3–4 Eiswürfel
150 ml Sprudelwasser
1 Stängel Basilikum

Sohn Georg hat während der Buchproduktion seine Lieblingsschorle entdeckt – und zwar diese hier:

1. Lake, Zucker und Zitronensaft in einem Cocktail-Shaker gut mixen, bis sich der Zucker aufgelöst hat, dann in ein Glas gießen.
2. Mit Eiswürfeln und Sprudelwasser auffüllen und nochmals mit einem Löffel gut durchrühren.
3. Basilikumstängel hineingeben und servieren.

Smoothies

Fermentiertes Gemüse, Lake und frisches Obst bzw. Gemüse werden hier kombiniert. Die Smoothies sind extrem variabel und fast schon eine eigenständige Mahlzeit. Allerdings ist ihr Fruchtzuckergehalt recht hoch, und sie sind daher nicht ganz so gesund wie vielleicht gedacht. Aber wer sich nicht ausschließlich von Smoothies ernährt, braucht sich wohl keine Sorgen zu machen.

FÜR JE 2 GLÄSER

MELONE-SAUERKRAUT-BIRNE

150 g Cantaloupe-Melone
175 ml Birnen-Direktsaft
50 g Goldenes Sauerkraut (siehe S. 16)
4 g Ingwer

ROTE-BETE-ERDBEERE

250 ml naturtrüber Apfelsaft
150 g Erdbeeren
100 g fermentierte Rote Bete (siehe S. 23)
30 g flüssiger Honig

SELLERIE-WILDKRÄUTER

250 ml naturtrüber Apfelsaft
100 g Apfel
50 g fermentierter Sellerie (siehe S. 27)
50 g Wildkräuter (z.B. Giersch, Wiesenkerbel, Vogelmiere, Brennnessel)
20 g flüssiger Honig

KAROTTE-PFLAUME

250 ml Orangensaft
150 g Pflaumen, entsteint
100 g fermentierte Karotten (siehe S. 27)
25 g flüssiger Honig

Jeweils alle Zutaten im Standmixer pürieren, in 2 Gläser à 250 ml füllen und sofort genießen.

Saure Mary

Rote Bete Gin Tonic

FÜR 1 DRINK

30 ml Lake von fermentierter Roter Bete (siehe S. 23)
2 TL flüssiger Honig
1 Bio-Zitrone
4 cl Gin
Eiswürfel
Sprudelwasser

Ehrlich? Probiotische Longdrinks? Ja – warum denn nicht? Wir nutzen hier die Lake der fermentierten Roten Bete, die wir mit den unreifen Samen grünen Fenchels fermentiert haben. Fenchel ist eines von vielen möglichen Gin-Gewürzen – das passt!

1. Lake, Honig, 1 cl Zitronensaft und Gin im schönsten Glas des Hauses gut mischen. So viele Eiswürfel zugeben, dass das Glas ungefähr zu drei Vierteln gefüllt ist. Mit Sprudelwasser auffüllen.
2. Mit einem Sparschäler ein langes Stück Zitronenzeste abschneiden und damit über den Glasrand streichen, damit die ätherischen Öle Aroma abgeben. Danach in den Drink geben und genießen.

PROBIOTISCH, VEGAN

Saure Mary

FÜR 1 DRINK

4 cl Curtido-Lake (siehe S. 19)
4 cl gekühlter Wodka
100 ml gekühlter Tomatensaft
½ TL Hotsauce (siehe S. 31)
0,5 cl Zitronensaft
1 Spritzer Worcestershiresauce
1 Selleriestange

Soll man wirklich behaupten, dieser Drink sei gesund? Nach dem dritten Glas wird man das auf jeden Fall!

1. Lake, Wodka, Tomatensaft, Hotsauce, Zitronensaft und Worcestershiresauce in einem Coktail-Shaker mixen, dann in ein Glas füllen.
2. Selleriestange putzen, in die gewünschte Größe schneiden, schälen und in das Glas geben. Servieren und genießen.

Rote Renate

Eine Schnapsidee ohne Schnaps, aber mit Anekdote. Diesen Longdrink widme ich meinen Mitarbeiterinnen! Jawohl, nur den Frauen. Unter ihnen gibt es eine gewisse Präferenz für lieblichen Sekt. Bei einem Betriebsausflug gab es im besuchten Restaurant aber nur trockenen Prosecco. Was tun? Kurz zuvor hatte ich von »Hugo« gehört, das ist Holundersirup, der mit trockenem Prosecco aufgegossen wird. Der »Hugo« war die Rettung, denn das Restaurant hatte gerade Holundersirup angesetzt …

FÜR 1 GLAS

1 cl Lake von fermentierter Roter Bete (siehe S. 23)
150 ml lieblicher Sekt
1 Spritzer Zitronensaft

Zuerst die Lake in ein Sektglas geben, mit Sekt auffüllen und einem Spritzer Zitronensaft vollenden.

Wer ist Renate?

Renate ist diejenige, die schon seit Anbeginn in der Gärtnerei »Schnelles Grünzeug« mitarbeitet. Sie ist die beste Mitarbeiterin, die sich ein Chef wünschen kann! Wenn dieses Buch erscheint, wird sie bald in den wohlverdienten Ruhestand gehen. Ganz besonders ihr widme ich dieses Getränk. Denn Renate habe ich viel zu verdanken. Auch dass ich immer mal wieder umdenken musste. Und durch Umdenken ist auch dieses Getränk entstanden, ein »umgekehrter Hugo« quasi – lieblicher Sekt mit saurem »Sirup«. Prost, Renate!

Rezept- und Zutatenregister

T

W

Z

**Wir sind Vater und Sohn.
Wir haben schon zusammen Kräuter geerntet, Bäume gepflanzt, Zäune gezogen, ein Haus gebaut, auf Lagerfeuern gekocht und nun auch noch ein Buch geschrieben. Wie schön!**

OLAF SCHNELLE

In unserem Duo bin ich der Vater. Ich bin außerdem Gärtner und Permakulturdesigner. Schon zu DDR-Zeiten schloss ich mich den oppositionellen Umweltgruppen meiner Heimatstadt Erfurt an, denn ich sah dringenden Handlungsbedarf. Aus dieser Zeit stammt auch mein Impuls, mich möglichst eigenverantwortlich zu ernähren. Ich beschäftigte mich mit der Essbarkeit der heimischen Flora und anderen Möglichkeiten der Selbstversorgung.

Vor 25 Jahren machte ich das alles zu meinem Beruf. Ich gründete in Vorpommern eine Spezialitätengärtnerei. Sie hieß zunächst *Essbare Landschaften*, heute heißt sie *Schnelles Grünzeug*. Wir beliefern die deutsche Top-Gastronomie mit Wildkräutern, Blüten, aromatischen Gehölzen, Samen, Früchten, Moosen und natürlich auch mit Gemüse. Und da in Gärtnereien immer Überschüsse anfallen, haben wir vor zehn Jahren begonnen, diese zu konservieren. Dafür ist die Milchsäurefermentation für uns das geeignete Mittel. Unseren Fermente-Shop findet man unter: www.schnelles-grünzeug.de.

GEORG BAGDENAND

Und ich bin – Überraschung – der Sohn von Olaf. Neben all den Pflanzen und Blumen bin auch ich im Garten meiner Eltern aufgewachsen. Diese bunte Spielwiese hatte meinen bunten Geburtsort Berlin gut ablösen können. Trotzdem: Mit der Zeit begann ich zu gedeihen und bekam immer größeren Durst nach mehr Vielfalt. So fing ich an, über den Gartenzaun hinaus meine Wurzeln zu schlagen: Nord- und Südamerika, Asien, Hamburg, Stuttgart und letztendlich wieder Berlin. Alle diese Stationen waren gute Nährböden für meine Augäpfel und Geschmacksknospen – und diverse andere Sinne. Diese verfeinerten Fühler führten mich auf dem kulinarischen Wege zu meinem ersten eigenen Pop-up-Restaurant in Leipzig. Beruflich brachte es mich ich in die ein oder andere bekanntere Werbeagentur. Heute fotografiere, texte, konzipiere und gestalte ich – all die Dinge, die ich schön und unterstützenswert finde: www.georgbagdenand.de.

Danke

Georg, meinem Sohn, danke ich ganz besonders. Es war ein schönes Arbeiten mir dir! Anton, meinem anderen Sohn, danke ich auch. Du bist der größte Pizzateigkünstler!

Familie Flöttmann, tausend Dank, dass wir eure wunderschöne Küche nutzen durften! Gleiches gilt für Familie Gebler – auch ihre Küche musste herhalten.

Nina Janoschka – fast eine Woche haben wir zusammen gekocht. Es war eine super Zeit mit tollen Kreationen und schönen Gesprächen. Mariana – auch mit dir durfte ich zusammen kochen. Mega!

Susann und Yannic von Krautkopf – euer Buch »Erde, Salz & Glut« war uns ein Leitstern.

Stevan Paul: Deine Kochbücher sind die besten!

Tim Mälzer: Dein Heimatkochbuch war uns eine beständige Heimsuchung! ;-)

Angela, du gabst mir Raum und Zeit, als es um das Texten ging. Danke auch für das Gegenlesen und die Vorschläge, die diesen Text leserlicher werden ließen.

Meinen Mitarbeiterinnen und Mitarbeitern von *Schnelles Grünzeug* sei gedankt: Alexander, Renate, Sybille sowie Anton, Tim, Lu, Felicitas – ihr habt mir im Betrieb den Rücken frei gehalten. Tausend Dank!

Dagmar Maas danke ich für den Hinweis auf die Grundlagen japanischer Ernährungsphilosophie.

Großen Dank an unsere Lektorinnen und an das DuMont-Team!

Alle im Buch vorgestellten Fermente können natürlich auch bei »Schnelles Grünzeug« geordert werden.

www.schnelles-gruenzeug.de

Dieses Buch wurde klimaneutral produziert.

2. Auflage 2024

Lektorat: Kathrin Nick
Fotografie: Georg [illegible]
Gestaltung und Satz: [illegible]
Umschlag: Birgit Haermeyer
Reproduktionen: PPP Pre Print Partner, Köln
Druck und Bindung: L.E.G.O. S.p.A., Vicenza

Printed in Italy
ISBN 978-3-8321-6924-4
www.dumont-buchverlag.de